La Cuisine du Soleil

Julie Kaspar Düdüe Ernst Germaine Mélanie Hans
Paula Charles Heinz Anna Margrit Ueli Maja Maya
Docteur Blanc Verena Heinz Paul Vreni Anni Angèle
Jacques Lilly Ferdi Philipp Soeur Marthe Werner Heda
Markus Daniel Marthi Walter Walti Hansjörg Fritz,
der Goldfisch Anne-Lise Charly Micheline Eddie
Paula Hans Lydia Anita Andreas Peter Eugénie Heidi
Frédéric Theres Bill Bettina Robin Paula Christa
Eva Jürg Hans Rosmarie Anna Markus Lukas Daniel
Grisou, die Katze Helen Joggi Resli Doris Alexandra
Hans Brigitta Trudi Bernhard Frank Andrea
Susanne Trudi Karl Bertram Margrit Pablo Simon
Emile Maia Ruedi Vati Bärbel Christian Sandra
Sibylle Nora Ida Louis Annemarie Luc Jean-Pierre
Roswitha Markus Elisabeth Dölf Julia Rebecca
Rosmarie Christine Patricia Dadja Heinz Larissa
Susi Fred Alex Reiko Luzia Bobby, ein Hündeli
Lotti Jean René Marc Hermann Edi, Lisbeth
Matthias Dieter Christoph Christine Wilfried Michael
Urs Heinz Annelies Rosmarie Monika Markus
Max, ein Dackel Helen Beat Liliane Edmée Käthi
Rolf Maya Turi Matthias Barbara Madeleine
Theres Monika Caroline Simone Karin Jean Gaby
Cyrill Grégoire Telse Simone Elisabeth Raoul
Elisabeth Andres Mark Antoinette Sepp Johanna
Vera René Karin Juliette Béatrice Christoph Claude
Andreas Heinz Silvia Heiri Marina Julian Roland
Guido Serena Rolli Maja Karin Rolf Annamaria
Annette Markus Winfried Felix Brigitte Martina
Daniel Karin Emanuel Marianne Heinz Wolfgang
Esther Cécile Albert Werner Sonja Docteur Martin
Mike Esther Günter Ursula Moshe Sharon Danièlle
Fränzi Giuseppe Romeo Dario Iris Andreas Hanna
Peter M. Christina Martin Muriel Helena Milan
Monika Urs Lea Elias Julian Lyser Laetitia
Leslie Ursy Marcel

Julie Landis

La Cuisine du Soleil

Rezepte und Geschichten
aus meiner Küche in Südfrankreich

AT Verlag

Milan
Vera
Paula
Maja

AT Verlag, Aarau und München
Fotos: Andreas Thumm, Freiburg i.B.
Fotoassistenz: Iris Jahnke
Illustrationen: Julie Landis
Layout: Edith Helfer, Bern und Julie Landis
Lithos: AZ Grafische Betriebe AG, Aarau
Druck und Bindearbeiten: Proost, Turnhout
Printed in Belgium

ISBN 3-85502-892-3

www.at-verlag.ch

Inhalt

Noch ein Kochbuch?
Die Idee dazu kam vom Verleger. Er hat immerhin einiges mitbekommen, als ich mit Iris und Andreas in meinem Haus in Sügt die Tomatenrezepte (2000) und die Zwiebelrezepte (2001) kochte, fotografieren liess und wir alles, genau einen Drittel für jedes, aufassen.
Das waren die Bilder in meinem Tomaten- und in meinem Zwiebelkochbuch.
Wirklich, die Idee für dieses Buch mit Rezepten aus Südfrankreich hätte ich ohne Urs Hunziker niemals verwirklicht: kann man so Privates, Intimes veröffentlichen? Preisgeben?
Eigentlich eher nicht.
Und trotzdem: die 40 Jahre "glückseligkeiten" verdienen es, vermerkt zu sein.
Bald überlasse ich das Haus meinen Töchtern Maja und Paula mit Auflagen: ich möchte doch von Zeit zu Zeit wieder dort kochen ...
Ja – ich danke Urs Hunziker, dass er etwas spürte, das bei Gott nicht so nahe liegt – etwa 650 Kilometer!

Julie Landis

Paula
und
Julie

Serena
VERA
Julie

Auf geht's nach «Süpf»

April. Ich fahre für einige Tage in mein Dorf im Languedoc, um das Haus vom Winter zu entstauben und für den Sommer herzurichten. Kurz nach der Grenze liegt schon «Süpf» in der Luft – «Süpf», die familiäre Abkürzung für Südfrankreich. Mit dem Auto fährt man das Rhonetal südwärts auf der «Autoroute du Soleil», dann rechts auf die «Languedocienne» bis zur Ausfahrt «Sortie Gallargues». Und da ist man eigentlich schon angekommen. Bei der Sortie Gallargues begann für uns immer der Aufenthalt in «Süpf».

Im Haus mit seinem dicken Gemäuer ist es kühl, der Winter hockt noch in den Ecken und Winkeln. Doch nun soll Luft hereinkommen nach den langen Wintermonaten: Die Türe zum kleinen Innenhof und das Fenster zur Gasse werden geöffnet, die alten Leinenvorhänge wehen im Wind.

Und dann werden als magisches Ankunftsritual – so wie wir es immer taten – mit bunten Kreiden gross und farbig die Namen aller, die im Haus anwesend sind, an die Wand neben der Haustüre geschrieben. Als buntes Dekor bleiben sie für die Tage oder Wochen, die wir hier verleben, neben dem Hauseingang stehen.

Nach einem ersten Rundgang durchs Haus wird im Kamin Feuer gemacht und die «Süpf-Suppe» aufgesetzt. Die einfache dicke Zwiebelsuppe wärmt in diesen noch kühlen Apriltagen und tut gut nach der Reise.

St Yorre
Brique de Pays
Saint-Saturnin
JENLAIN
JENLAIN
LE GARDOIS
TOMATES
Côtes du Rhône
Listel
phenix
ORANGE
Vichy
Saint-Yorre
VALSTAR
BIERE BOCK
RIGMORI
DUPONT D'ISIGNY
pic'grin
MAILLE
montella
Gerber
CAMEMBERT
NORMANDIE
CLAUDEL
"33"
export
BIERE DE LUXE
LE LORRAIN
Quarante
LE COUCOU
MOUTON-CADET
La vache qui rit
Kronenpils
RAMELLINI
Domaine de l'Aumerade
CÔTES DU RHONE

In meiner Küche in Südfrankreich hat es immer:

Brot, Zwiebeln, Knoblauch, Oliven- und Distel-
oel, Butter, Schalottenessig, Zitronen, Lorbeer,
Thymian, Rosmarin, Salz, Pfeffer, Muskat,
Bouillonwürfel, Weiss- und Rotwein, Mehl,
Zucker, Eier, Tomatenpuree, Blanc Battu,
Milch und Vichy St. Yorre.
Die Menus werden meistens auf dem täglichen
Fisch- und Gemüsemarkt "entwickelt". Der
Metzger ist nebenan, Lebensmittelladen und
Supermarché in der Nähe. Auch "La Cave
coopérative" ist da – man kauft da ausge-
zeichneten Wein aus der Gegend. Im Dorf
selber haben wir einen Bio-Weinbauern, der
einen feinen Merlot und Cabernetwein pro-
duziert.
Die ersten süssen Lézignan-Zwiebeln erscheinen
im April auf dem Markt, im Sommer dann
die feinen aus den Cevennen: damit stocke
ich den Vorrat auf!

Zu den Rezepten

- Wenn nicht anders vermerkt, sind die Rezepte für vier Personen berechnet.
- In einigen Rezepten sind die Zutaten in Tassen angegeben: 1 Tasse = 2 dl = 200 ml.
- Hohlmasse sind in Bruchteilen von Litern oder in Millilitern (ml) angegeben: 100 ml = 1 dl = 1⁄10 l. 50 ml sind also ½ dl und 25 ml sind ¼ dl.

Küchentipps

Fettstoff

Öl, Butter, Fett oder Margarine lassen sich in den Rezepten nach Geschmack und Vorliebe austauschen. Zum Braten oder Dünsten verwende ich gerne eine Mischung von Butter und Öl, zum einen wegen des feinen Geschmacks, zum anderen, weil dank der Zugabe von (höher erhitzbarem) Öl die Butter nicht verbrennt.

Würzen

Salz und Pfeffer genügen zum Würzen. Eine grosse Bereicherung sind Kräuter. Passende Vorschläge sind in den Rezepten angegeben.

Knoblauch, am besten gequetscht

Knoblauchzehen schälen, halbieren oder vierteln. Mit einem Holzspachtel auf dem Rüstbrett quetschen und dann nach Rezept verwenden. So bleibt der ganze Saft erhalten. Nach Belieben entfernt man die Stücke nach dem Garen.

Persillade

Eine unnachahmliche Würze hat die so genannte Persillade: Einige Knoblauchzehen (Menge nach Geschmack) hacken, reichlich Petersilienblätter darüber legen und alles zusammen möglichst fein hacken.

Paniermehl

Aus altbackener Baguette bereitet man nach Bedarf jederzeit die feinsten Brösel. Das Brot einfach an der Raffel reiben oder in der Mühle mahlen.

Tomaten enthäuten

Die Früchte unten kreuzweise einschneiden, den Stielansatz herausschneiden. Die Tomaten 10 Sekunden in kochendes Wasser legen, herausheben, die Haut abziehen.

Zwiebeln entschärfen

Die zerschnittenen Zwiebeln mit kochendem Wasser übergiessen. Abschütten und erkalten lassen.

Traubensaft

Nach der Traubenlese darf man bei den Weinbauern die kleinen «Grapillons» und hängen gebliebene Trauben sammeln. Daraus kann man auf einfache Art einen «Jus de raisin maison» herstellen:

- Die Trauben waschen und verlesen.
- Die Beeren in einen Topf oder eine Schüssel abstreifen und zerstossen.
- Alles durch ein Haarsieb oder durch ein Gazetuch giessen und den Saft in Flaschen abfüllen.

Dieser Traubensaft ist sehr süss und nicht lange haltbar!

Les Salades
Salate

Tomatensalat

Salade de tomates

Tomatensalat – der einfachste und beste

4 grosse sonnengereifte Fleischtomaten
Salz
Olivenöl
Basilikum
Balsamico- oder Schalottenessig nach Belieben

- Die Fleischtomaten in dicke Scheiben schneiden.
- Auf einem Teller anrichten, salzen und mit Olivenöl beträufeln.
- Den frischen Basilikum in Streifen schneiden und darüber verteilen.
- 15 Minuten stehen lassen. Nach Belieben einige Spritzer Balsamico- oder Schalottenessig darüber verteilen.

Salade maison d'été

Sommer-Haussalat

2 grosse sonnengereifte Fleischtomaten
1 süsse Zwiebel (ersatzweise Gemüse- oder rote Zwiebel)
1 grüne Peperoni (Paprika)
1 Hand voll schwarze Oliven
Salz, Pfeffer, Olivenöl und Schalottenessig

Persillade:
2 Knoblauchzehen
1 Bund Petersilie

- Die Fleischtomaten in grobe Stücke schneiden.
- Die Zwiebel in Schnitze schneiden.
- Die Peperoni (Paprika) entkernen, in mundgerechte Stücke schneiden und dazugeben.
- Die schwarzen Oliven darüber streuen.
- Salzen, pfeffern, Olivenöl und Schalottenessig darüber giessen.
- Für die Persillade den Knoblauch fein hacken, reichlich Petersilie darüber legen und alles zusammen möglichst fein schneiden.
- Kurz vor dem Auftragen den Salat mischen und mit reichlich Persillade bestreuen.

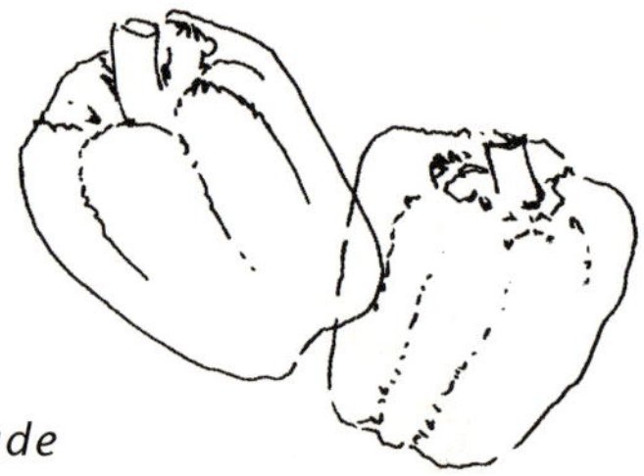

Haricots blancs en salade

Salat aus weissen Bohnen

1 grosse Dose weisse Bohnen
1 grosse süsse Zwiebel
1 grosse Fleischtomate
Salz, Pfeffer, Öl und Essig
2 Knoblauchzehen
1 Bund Petersilie

- Die Bohnen abtropfen lassen und in eine Schüssel geben.
- Die Zwiebel in Streifen schneiden und dazugeben.
- Die Tomate halbieren, in Würfel schneiden und beifügen.
- Salzen, pfeffern, mit Öl und Essig beträufeln.
- Aus Knoblauch und Petersilie eine Persillade herstellen (siehe oben und Seite 93) und darüber streuen.
- Den Salat mischen und etwa 20 Minuten stehen lassen.

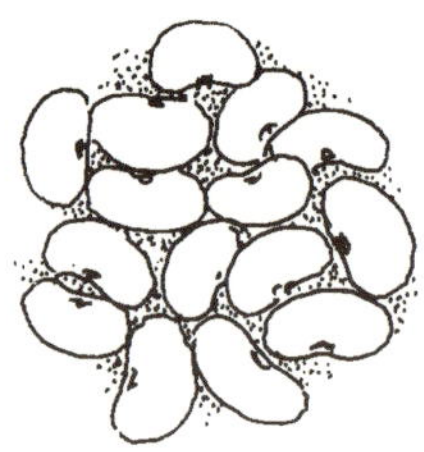

Salat aus weissen Bohnen

Haricots verts fins avec bœuf bouilli

Feine grüne Bohnen mit Siedfleisch

500 g feine grüne Bohnen, geputzt
400 g gekochtes Siedfleisch
1 Zwiebel
1 Knoblauchzehe
1 Hand voll Petersilie

Senfvinaigrette:
1 Schalotte
1 EL Senf
Salz, Pfeffer
Öl und Essig

- Die Bohnen in leicht gesalzenem Wasser weich kochen (von Zeit zu Zeit Garprobe machen, sie dürfen weder zu knackig noch zu weich gekocht sein!). Abgiessen und erkalten lassen; in eine Schüssel geben.
- Das Siedfleisch in möglichst feine Lamellen schneiden und zu den Bohnen geben.
- Zwiebel, Knoblauch und Petersilie fein schneiden und darüber streuen.
- Für die Vinaigrette die Schalotte fein schneiden, mit Senf, Salz, Pfeffer, Öl und Essig gut verrühren. Über den Salat giessen und sorgfältig mischen.

Salade de bœuf bouilli

Siedfleischsalat

400 g gekochtes Siedfleisch
1 Tomate
1 Zwiebel
Senfvinaigrette (siehe nebenstehendes Rezept)

- Das erkaltete Fleisch in Würfel schneiden.
- Tomate und Zwiebel in kleine Würfel schneiden.
- Alles mischen, mit einer sämigen Senfvinaigrette übergiessen und etwas ziehen lassen.
- Vor dem Auftragen nochmals mischen und eventuell auf grünen Salatblättern servieren.

Salade de pommes de terre à l'oseille

Kartoffelsalat mit Sauerampfer

1 kg Kartoffeln
ca. ½ Tasse Fleischbouillon

Sauce:
1 Hand voll Sauerampfer
3 EL Mayonnaise
3 EL Öl
2 EL Essig
1 süsse Zwiebel
1 EL Senf

- Die Kartoffeln in der Schale kochen, noch warm schälen und in dünne Scheiben schneiden.
- Mit Fleischbouillon übergiessen.
- Für die Sauce den Sauerampfer in Streifen schneiden. Mit allen anderen Zutaten gut verrühren und über die Kartoffeln giessen.

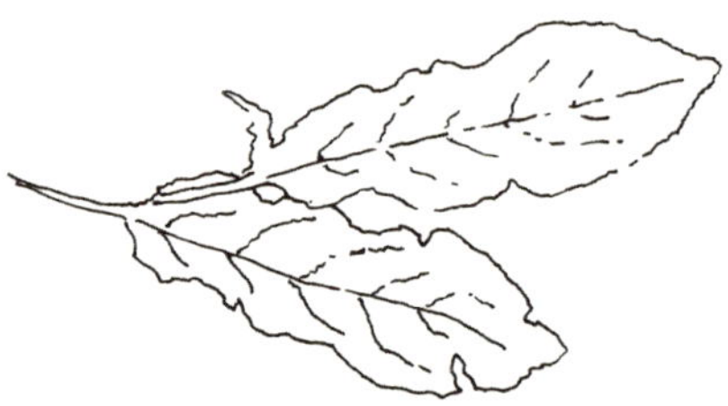

Sauerampfer gedeiht auch in unseren Gärten! Die ersten zarten Blätter sind im Frühjahr noch vor dem Schnittlauch da.

Die zarten Grünen aus der Gegend

Gerne mag ich den Sucrinesalat; er ist klein, fest und knackig. Bei uns ist er manchmal als «Zwergli-Salat» oder «Mini-Lattich» erhältlich. Meine Favoriten sind «Batavia-Salat» und «Rougette de Montpellier». Natürlich gibt es daneben noch viele Arten von Kopfsalat, Eichblattsalat, Lattich, Endivien – eine Fülle von zartem Grün!

Eine aparte Variante:

Chicorée frisée au fromage de chèvre

Friséesalat mit Geisskäse

- Den Salat putzen, grob zerschneiden und mit Geisskäsewürfeln mischen.
- Salz, Pfeffer, Olivenöl und Zitronensaft zu einer Sauce mischen.
- Die Sauce kurz vor dem Essen über den Salat giessen.

Salade de carottes à la bourrache

Karottensalat mit Borretsch

Pro Person:

2–3 mittlere Karotten
Vinaigrette nach Belieben
1 Hand voll Borretschblüten

- Die Karotten putzen und raffeln.
- Eine Vinaigrette nach Geschmack anrühren, über die Karotten giessen und mit den Borretschblüten garnieren.

Besonders fein: Die Blüten haben einen erfrischenden Gurkengeschmack.

Taboulé

Für 6 Personen

2 kg Tomaten
1 Salatgurke
2 Zwiebeln
je 1 Bund Minze und Petersilie
400 g Couscous (Trockengewicht)
4 Zitronen, Saft
6 EL Olivenöl
einige Kopfsalatblätter
schwarze Oliven, nach Belieben
Salz, Pfeffer aus der Mühle

Wichtig: Das Taboulé mindestens 3 Stunden im Voraus machen!

- Tomaten und Gurke fein würfeln, die Zwiebeln und Kräuter fein hacken.
- Alle Zutaten mischen, abschmecken und mindestens 3 Stunden kühl stellen.
- Auf Salatblättern anrichten und nach Belieben mit schwarzen Oliven garnieren.
- Das Taboulé kann beliebig ergänzt werden, zum Beispiel mit Peperoni (Paprika), Chilischoten, Crevetten, Fisch, Avocado.

Salade d'oignons

Zwiebelsalat

4 mittlere süsse Zwiebeln
1 Bund Petersilie
1 Zitrone, Saft
4 EL Olivenöl
Salz und frisch gemahlener Pfeffer

- Die Zwiebeln schälen, längs halbieren und in 3 mm dicke Lamellen schneiden.
- Die Petersilie fein hacken.
- Petersilie, Zwiebeln und die übrigen Zutaten in einer Schüssel gut vermischen.
- Dazu frische Baguette und Butter reichen.

Les légumes cuits en salade

Salat aus gekochtem Gemüse

- Gemüse nach Belieben (Karotten, Randen/Rote Bete, Zucchini, Bohnen, Blumenkohl usw.) putzen.
- In mundgerechte Stücke schneiden und in wenig Bouillon garen.
- Das Gemüse abgiessen, die Bouillon auffangen und beides erkalten lassen.
- Eine Vinaigrette nach Geschmack zubereiten.
- Das Gemüse auf einer Platte anrichten und die Vinaigrette darüber verteilen.

Tipp: Die gekühlte Bouillon in Gläser verteilen, mit etwas Tabasco abschmecken, mit einem Blatt Basilikum garnieren. Ein origineller und gesunder Apéro!

Les marchés du soleil

Markttag. Der gemütliche Gang den Marktständen entlang ist ein sinnliches Erlebnis. Die wunderschönen Formen und Farben von Früchten und Gemüse, Fischen und Meerestieren erfreuen das Auge, der köstliche Duft von Kräutern und Obst schmeichelt der Nase. Sorgfältig wird ausgewählt, was in den Korb wandert. Die Marktfrauen und Händler wissen immer einen guten Rat und plaudern gerne über Gott und die Welt.

Les Entrées
Vorspeisen

Saucisson und Oliven

Saucisson sec et olives

Saucisson und Oliven

Traditionell wird diese einfache Vorspeise – in Scheiben geschnittene Saucisson (luftgetrocknete Rohwurst) zusammen mit Oliven und frischer Baguette – auf einem Holzbrett angerichtet.
Sie eignet sich natürlich auch als rustikale Begleitung zum Apéritif oder als kleine Zwischenverpflegung.

Tomates sur baguette

Tomaten-Baguette

1 Baguettebrot
2 Knoblauchzehen
2–3 reife Fleischtomaten
Salz und Pfeffer
einige Tropfen Olivenöl
Basilikum zum Garnieren

- Die Baguette in 4 Teile schneiden.
- Die Stücke längs halbieren und im Backofen grillieren oder toasten.
- Die Knoblauchzehen längs halbieren und die Brotscheiben damit einreiben.
- Die Tomaten halbieren und ebenfalls aufs Brot reiben.
- Mit etwas Salz und Pfeffer aus der Mühle würzen, ein paar Tropfen Olivenöl darüber träufeln.
- Mit je einem Basilikumblatt garnieren.

Tipp: Man kann dazu sehr gut auch Baguette vom Vortag verwenden.

Caviar d'aubergines

Auberginenkaviar

1 kg Auberginen
3 Knoblauchzehen
150 ml Öl
1 Zitrone, Saft
Salz, Pfeffer
Petersilie

- Die Auberginen waschen und im Backofen bei 220 Grad 45 Minuten weich garen. Auskühlen lassen.
- Das Fruchtfleisch von der Schale lösen und mit einer Gabel fein zerstossen.
- Den zerdrückten Knoblauch dazugeben.
- Mit dem Schwingbesen das Öl und den Zitronensaft unterrühren.
- Mit Salz und Pfeffer abschmecken und mit fein geschnittener Petersilie bestreuen.
- Für 3–4 Stunden in den Kühlschrank stellen.
- Mit gerösteten Baguettescheiben servieren.

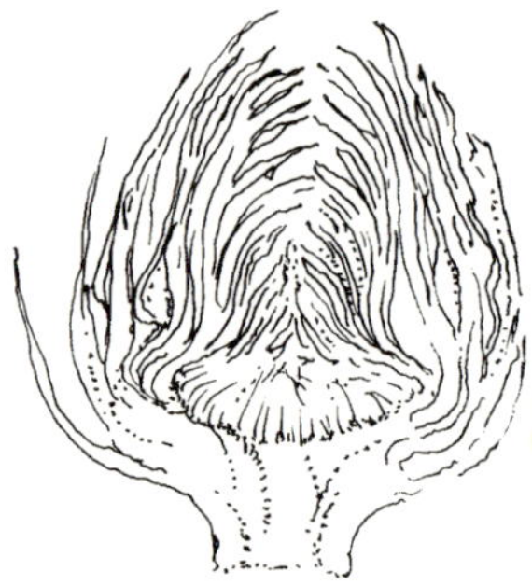

Artichauts à la vinaigrette

Artischocken mit Vinaigrette

Pro Person:

1 grosse oder 2–3 kleine Artischocken
Vinaigrette nach Belieben

- Die Artischocken putzen, den Stiel und die untersten Blätter wegschneiden.
- Die Artischocken in Salzwasser weich kochen (grosse 40 Minuten, kleine 20–30 Minuten).
- Auskühlen lassen und mit der Vinaigrette servieren.

Artischocken mit Vinaigrette

Radis-Beurre

Radieschen mit Brot und Butter

1 grosses Bund frische Radieschen
(lange, zarte, rot-weisse Sorte)
Butter
Baguette

- Die Radieschen – am besten frisch vom Gemüsemarkt – rüsten, waschen und in eine Schale legen.
- Dazu Salz, Butter und Baguette reichen.

Eine typische einfache Vorspeise im Süden.

Nouilles aux olives

Nudeln mit schwarzen Oliven

Pro Person:
1 Portion (ca. 100 g) Nudeln
1 Hand voll schwarze Oliven
2 Knoblauchzehen
Olivenöl
Petersilie

- Die Nudeln kochen.
- Die Oliven entsteinen und grob hacken.
- Mit dem zerquetschten Knoblauch im Öl heiss werden lassen (Knoblauch darf nicht braun werden!).
- Vom Feuer nehmen und die fein gewiegte Petersilie darunter mischen.
- Die Olivenmischung über die gekochten, heissen Nudeln anrichten.

Le délice de courgettes

Delikate Zucchinischiffchen

4 Zucchini
150 g Rahmquark
2 EL fein geschnittenes Basilikum
2 EL fein gehackte Petersilie
1 EL fein geschnittene Minze
1 Schalotte
1 Zitrone, Saft
Salz und Pfeffer
1 TL Dijonsenf
einige Salatblätter zum Anrichten

- Die Zucchini schälen, halbieren und etwas aushöhlen.
- In wenig Salzwasser weich kochen und auskühlen lassen.
- Den Quark mit den Kräutern, der fein gehackten Schalotte und den Würzzutaten glatt rühren.
- Auf jede Zucchinihälfte einen Esslöffel Füllung häufen.
- Auf Salatblättern anrichten und nach Belieben mit Zucchiniblüten garnieren.

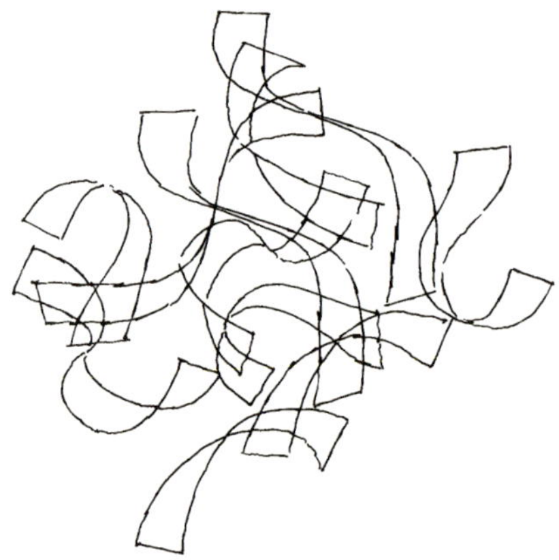

Radieschen mit Brot und Butter

Les Pâtés – treue Begleiter

Im Laufe der Jahre erprobten wir sie fast alle! Die erste und beste kauften wir bei Metzger Brès: fein und cremig passte sie ausgezeichnet zu unseren "schnellen" Mittagessen zur Tomatenzeit: ein dicker Aufstrich auf halbierte Baguette, dicke Tomatenscheiben drauf, etwas Salz, und fertig.

Nach der Ära Brès kosteten wir die Pâté de Campagne, die Pâté Forestière und die Brandade de Nimes, eine Pâté aus Stockfisch. – Die letzten Reste strichen wir zwischen die Sandwichs für die Heimreise ...

Delikate Zucchinischiffchen

Omelettes

Omeletten-Grundrezept

6–8 Eier
Salz, Pfeffer
1 EL Wasser
40 g Butter

- Die Eier nacheinander in eine Schüssel schlagen.
- Salz, Pfeffer und Wasser dazugeben und alles schaumig rühren.
- Die Butter in einer Pfanne erhitzen. Die Eiermasse hineingiessen und so lange backen, bis die Unterseite gestockt und leicht gebräunt ist. Dabei mit einer Gabel die Masse immer wieder vom Rand zur Mitte ziehen.
- Die Oberfläche muss noch fast flüssig sein. Die Omelette zusammenfalten und auf eine vorgewärmte Platte oder einen Teller gleiten lassen.

Dies ist die einfachste Variante, eine «omelette au naturel».

Omelettenfüllungen

aux oignons

mit Zwiebel

- 1 grosse Zwiebel halbieren und in feine Streifen schneiden.
- In Butter und wenig Öl goldgelb braten.
- Die geschlagenen Eier darüber giessen und backen wie im Grundrezept angegeben.

au fromage

mit Käse

- 100 g beliebigen Käse (Käsereste) reiben.
- Die Omeletten wie im Grundrezept angegeben backen.
- Den Käse darüber streuen.
- Die Omeletten falten und servieren.

aux cèpes

mit Pilzen

- 200 g Champignons, Steinpilze oder Mischpilze putzen und scheibeln.
- Die Pilze in leicht gesalzenem Wasser kurz blanchieren, abtropfen lassen.
- Eine Schalotte und eine Knoblauchzehe fein hacken, in etwas Butter und Öl dünsten. Die blanchierten Pilze dazugeben und noch einige Minuten mitdünsten.
- Die geschlagenen Eier darüber giessen und backen wie im Grundrezept angegeben.

aux pointes d'asperges

mit Spargelspitzen

- Spargelspitzen in wenig gesalzenem Milchwasser weich kochen.
- Abtropfen und über die Eiermasse verteilen.
- Fertigbacken wie im Grundrezept beschrieben.

Tipp: Ganze Spargeln kochen, die Spitzen für Omeletten verwenden und aus dem Rest eine Suppe kochen.

aux épinards ou aux fines herbes

mit Spinat, Sauerampfer, Kräuter

- Den Spinat oder die Kräuter waschen, trockenschleudern oder auf Haushaltpapier abtropfen lassen. Grob zerschneiden.
- Eine Schalotte und eine Knoblauchzehe fein hacken, in etwas Butter und Öl dünsten.
- Spinat oder Kräuter dazugeben und einige Minuten mitdünsten.
- Die Omeletten fertig backen wie im Grundrezept beschrieben.

à la tomate

mit Tomaten

- Tomatenscheiben in Butter kurz weich dünsten.
- Die geschlagenen Eier darüber giessen und fertig backen wie im Grundrezept angegeben.

au jambon cuit, jambon cru ou lard

mit Schinken, Rohschinken oder Speck

- Das Fleisch fein würfeln.
- In wenig Butter braten. Über die Eiermasse verteilen.
- Fertig backen wie im Grundrezept beschrieben.

aux fleurs de courgettes

mit Zucchiniblüten

- Die Blüten vom Stempel befreien und in Stücke schneiden.
- Über die Omelette verteilen.
- Fertig backen wie im Grundrezept beschrieben.

La baguette de la veille

Baguette-Tomaten-Auflauf

- Baguettereste vom Vortag und die entsprechende Menge Tomaten in etwa 1 cm dicke Scheiben schneiden.
- Eine Auflaufform mit Butter ausstreichen.
- Abwechslungsweise Brot- und Tomatenscheiben in die Form stellen.
- Aus 2 Eiern, ½ Liter Milch, 2 zerquetschten Knoblauchzehen, Salz und Pfeffer einen Guss herstellen.
- Den Guss über die Tomaten- und Brotscheiben giessen und den Auflauf bei 220 Grad im Ofen 30 Minuten backen.

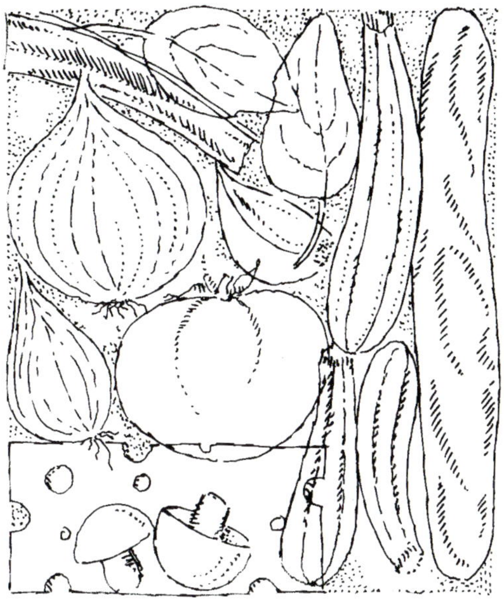

Baguette von gestern

Varianten:

- gedünstete Zucchini (Reste) und Käsescheiben
- nur Käsescheiben
- Tomaten und Käse
- Knoblauch zerquetscht und Kräuter
- Zwiebeln gedünstet und Käse
- Schinken und Käse
- gekochten Blattspinat, Knoblauch, Käse

Dazu viel grüner Salat oder Gurkensalat.

Süpfsuppe

Soupe maison

Süpfsuppe

2 grosse Zwiebeln
Butter oder Öl
1 grosse Tasse Fideli (feine Suppennudeln)
1 l Bouillon, heiss
wenig Weisswein, Pfeffer, Muskatnuss zum Abschmecken

- Die Zwiebeln in feine Würfel schneiden.
- In heissem Fett dünsten und etwas Farbe annehmen lassen.
- Die Teigwaren dazugeben und leicht anrösten.
- Die siedende Bouillon dazugiessen.
- Nach Belieben mit einem Schuss Weisswein, Pfeffer und Muskatnuss abschmecken.
- Die Suppe 20 Minuten köcheln lassen.

Soupe à la tomate avec croûtons

Kalte Tomatensuppe mit Croûtons

4 grosse Fleischtomaten
1 kleine Zwiebel
wenig Portwein nach Belieben
1 EL Olivenöl
1 grüne Peperoni (Paprika)
1–2 Tassen Brotwürfelchen
Olivenöl
Salz, Paprika (oder Pfeffer)

- Die Tomaten häuten, entkernen und pürieren.
- Die Zwiebel dazureiben. Würzen, nach Belieben mit etwas Portwein verfeinern und das Olivenöl gut darunter schwingen.
- Die Peperoni in kleine Würfel schneiden, dazugeben und die Suppe mindestens 1 Stunde kalt stellen.
- Die Brotwürfelchen in wenig Olivenöl rösten und zur Suppe reichen.

Soupe à l'oignon

Zwiebelsuppe

2–4 Zwiebeln
2 EL Bratbutter
4–8 Scheiben Brot
150 g geriebener Käse
¾ l Bouillon, heiss
2 EL geriebener Sbrinz oder Parmesan

- Die Zwiebeln in Streifen schneiden, im Fett dämpfen und sorgfältig braun werden lassen, eventuell etwas Wasser beigeben.
- Die Brotscheiben mit der Zwiebelmasse bestreichen und den geriebenen Käse darüber streuen, in eine feuerfeste Form schichten. Mit der Bouillon aufgiessen und zugedeckt ziehen lassen, bis die Bouillon aufgesogen ist.
- Den Sbrinz oder Parmesan darüber streuen. In den kalten Ofen schieben und 30–45 Minuten bei 180 Grad gratinieren.

Soupe d'asperges

Spargelsuppe

500 g Spargeln
1 l Bouillon
1 EL Mehl
wenig Butter
ca. 100 ml Rahm, nach Belieben

- Die Spargeln waschen, in Stücke schneiden und in der Bouillon gar kochen.
- Die Spargeln in ein Sieb giessen und durchstreichen.
- Das Mehl in wenig Butter hell anschwitzen, mit der Suppe aufgiessen, gut umrühren und 2–3 Minuten köcheln lassen.
- Vom Herd ziehen und den Rahm darunter rühren.

Tipp: Im Frühjahr kann man auch selbst gesammelte Wildspargeln verwenden.

Potage à l'oseille

Sauerampfersuppe

1 grosse Hand voll Sauerampfer (ca. 200 g)
50 g Butter
1½ l Bouillon, heiss
ca. 50 ml Rahm oder Milch
1 Eigelb
geröstete Brotwürfel nach Belieben

- Den Sauerampfer waschen, die dicken Stiele entfernen, die Blätter abtropfen lassen und in grobe Streifen schneiden.
- Bei geringer Hitze in der Butter weich dünsten.
- Die heisse Bouillon dazugiessen und einige Minuten köcheln lassen. Vom Feuer nehmen.
- Mit dem Rahm oder der Milch verfeinern.
- Das geschlagene Eigelb darunter ziehen und umrühren.
- Anrichten und mit gerösteten Brotwürfeln bestreuen.

Pot-au-feu maison

1 kg Siedfleisch
4 l Wasser
6 mittlere Karotten
3 mittlere Stangen Lauch
2 Stengel Stangensellerie
2 weisse Rübchen (Räben, französisch navets)
1 Zwiebel, mit 2 Lorbeerblättern und Gewürznelken besteckt
4 Markknochen
nach Belieben altbackene Baguette, in feine Scheiben geschnitten
Salz, Pfeffer, Muskatnuss

- Das Fleischstück ins kalte Wasser geben, aufkochen und abschäumen.
- Mit 1 EL Salz und Pfeffer würzen und 1 Stunde köcheln lassen.
- Das Gemüse putzen. Die Karotten längs vierteln, Lauch, Sellerie und Rübchen in längliche Stücke schneiden.
- Das vorbereitete Gemüse und die besteckte Zwiebel zum Fleisch geben und weitere 2 Stunden auf kleinstem Feuer köcheln lassen.
- Erst dann die Markknochen dazugeben und alles nochmals eine weitere Stunde ziehen lassen.
- Das Fleisch herausheben, in dicke Scheiben schneiden und mit dem Gemüse auf einer Platte anrichten.
- In vorgewärmte Teller jeweils einige Baguettescheiben legen und mit Brühe übergiessen. Mit Muskatnuss würzen. Das Mark aus den Knochen lösen, in Scheiben schneiden und auf die Brotschnittchen legen. Salzen und pfeffern.

Soupe rustique à la tomate

Tomatensuppe nach ländlicher Art

1 kg reife Fleischtomaten
2 grosse Kartoffeln
1 grosse Zwiebel
2 Knoblauchzehen
1 Kräutersträusschen (Thymian, Lorbeerblatt, Petersilie)
Butter
1 l Wasser oder Bouillon
Salz

- Die Tomaten waschen und vierteln.
- Die Kartoffeln schälen und in Würfel schneiden.
- Die Zwiebel fein hacken, den Knoblauch zerquetschen.
- Die Butter schmelzen, das Gemüse mit den Kräutern beigeben und auf mildem Feuer rund 30 Minuten weich schmoren. Durch ein Sieb streichen.
- Mit Wasser oder Bouillon aufgiessen, aufkochen und abschmecken.

Potage du pays

Bauernsuppe

4 Kartoffeln
4 Karotten
1 weisses Rübchen (Räbe, Navet)
1–2 Stengel Stangensellerie oder ½ Sellerieknolle
2 Stangen Lauch
1 Zwiebel
2 Knoblauchzehen
1 Zucchini
1½ l Wasser
Salz oder Bouillonpulver bzw. -würfel
Petersilie und etwas Butter zum Abschmecken

- Das geputzte und in grobe Stücke geschnittene Gemüse ins kalte Wasser geben, die Knoblauchzehen nur zerquetschen. Alles aufkochen und 45 Minuten kochen lassen.
- Die Suppe pürieren und abschmecken.
- Nach Belieben mit fein gehackter Petersilie und einem Stück frischer Butter verfeinern.

Panade

Brotsuppe

250 g Baguette
1½ l Wasser
½ l Milch
2 Eigelb
50 g Butter
Salz
Petersilie oder Schnittlauch

- Das Brot in feine Scheiben schneiden
- Das Wasser darüber giessen, salzen und alles 1 Stunde köcheln lassen. Öfter umrühren, damit es nicht anhängt!
- Die Eigelbe und die Butter mit der Milch verrühren. Zur Suppe giessen, gut mischen und nochmals heiss werden lassen. Nicht mehr kochen!
- Abschmecken und mit fein geschnittener Petersilie oder Schnittlauch bestreuen.

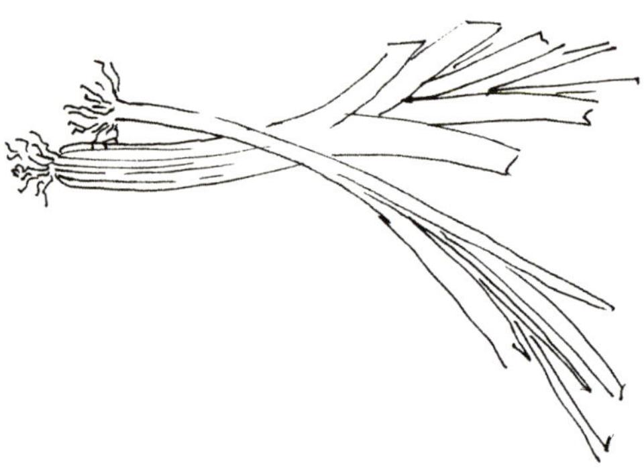

BOULANGERIE · PATISSERIE

Wilde Kräuter – der Reichtum der Garrigue

Mit dem Fahrrad geht's über schmale Strassen und holprige Wege hinaus in die Garrigue. «La garrigue» heisst das trockene, karge Land in Südfrankreich, wo auf Kalksteinboden, zwischen Steinen und Felsen niedriges Gehölz und struppige Gebüsche wachsen. Kleine Eichen, die «chênes vertes», Wacholder, Rosmarin, Thymian, im Frühling wilde Spargeln und goldgelb blühender Ginster. Hier sammle ich regelmässig Thymian und Rosmarin für meine Küche und habe auch schon eine kleine Pflanze ausgegraben und nach Hause mitgenommen, etwas südfranzösischen Duft verpflanzt in meinen heimischen Garten.

Die Garrigue in ihrer kargen Monotonie ist für mich noch mehr geworden, eine Art stille, wohltuende Therapie. In den einfachen Steinen, den stets wiederkehrenden Düften, Blumen und Kräutern weht ein Hauch von Ewigkeit. Sie erinnert an ein Leben von weither, an ein Leben bis hin zum Tod und darüber hinaus. In dieser Landschaft aufgehoben zu sein, erfüllt mit Harmonie, gibt Energie und ein gesundes Urgefühl, um den so viel grelleren und rascheren Alltag daheim zu leben.

Geschenke aus der Landschaft

Kräuter: *Thymian, Lorbeer, Sarriette, Salbei, Minze, Rosmarin*

Tee: *Spitzwegerich, Immortellen, Fenchel, Thymian, Salbei, Brombeerblätter*

Bäder: *Thymian, Lavendel*

Düfte: *Pinienzapfen, Pinienholz, Rebstöcke und Thymian für das Kaminfeuer*

Essen: *Wildspargel (im Frühjahr), Wildlauch, Pilze*

Konfitüren: *Brombeeren, Pfirsiche, Aprikosen, Feigen, Trauben (alles, was auf dem Boden liegt und nicht geerntet wird)*

Fruits de Mer et Poissons

Muscheln und Fische

Ausgebackene Muscheln

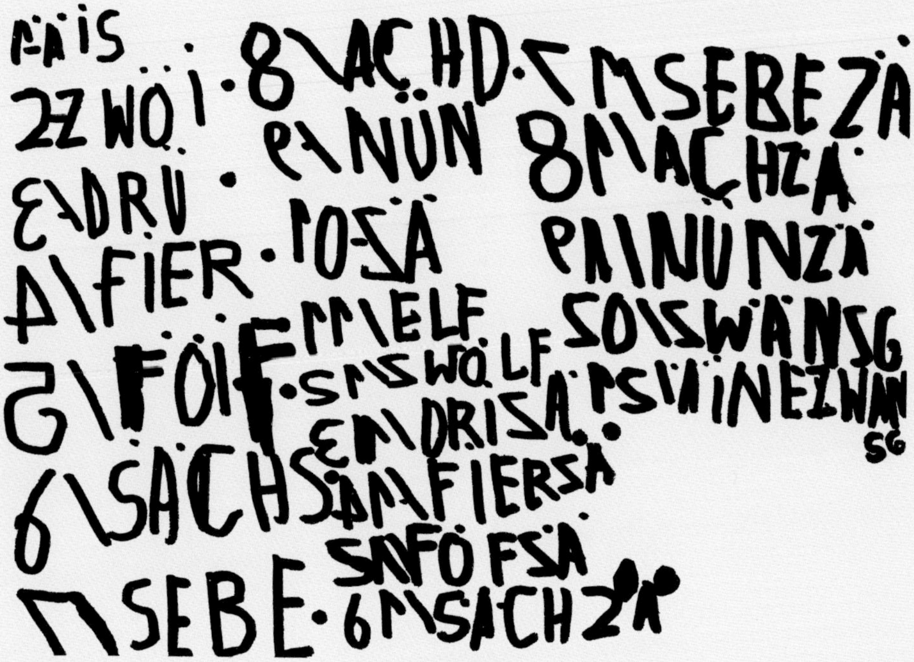

Einundzwanzig Tage waren wir einmal in unserem Haus, und jeden Tag kochte ich etwas aus dem Meer. Die Kinder zählten die Tage bis …

Vom Fischhändler zu Denise

Beim Fischhändler auf dem Markt lernte ich die vielen Fische und Muscheln und anderes Meeresgetier kennen: Tellines, Moules, Sardines, Loup de mer, Maquereaux, Capelans, Aile de raie, Thon frais, Limandes, Solettes, Rougets, Cipions, Seiches, Crabes, Dorades, Morue … In breiter Aussprache, im typischen Singsang Südfrankreichs beriet er seine Kunden und Kundinnen.

Mit dem Einkauf ging ich schnurstracks in den kleinen Lebensmittelladen am Dorfplatz zu Denise. Hier roch es immer wunderbar nach den Köstlichkeiten, die Denise in ihrer Küche hinter dem Vorhang zubereitete. Geduldig erklärte sie, wie man die verschiedenen Fische und Muscheln kocht, und verriet mir zahlreiche Rezepte für alles, was aus dem Meer kommt.

Den kleinen Laden gibt's nicht mehr, Denise lebt nicht mehr. Aber man hat nie ausgelernt: Der junge Fischhändler auf dem Markt gab einen wertvollen Tipp für die Zubereitung von frischem Tunfisch (siehe Seite 51).

Wichtig: Muscheln, die beim Kauf bereits offen sind, und solche, die sich nach dem Kochen nicht öffnen, müssen weggeworfen werden.

Wenn Sie Fische nicht selbst schuppen, ausnehmen und säubern möchten, fragen Sie Ihren Fischhändler; er erledigt dies gerne für Sie.

Moules

Miesmuscheln – Grundzubereitung

- Die Muscheln gut abbürsten und abspülen. Abtropfen lassen.
- In einen Topf geben und kräftig erhitzen.
- Muscheln, die sich geöffnet haben, herausheben.
- Das ausgetretene Meerwasser beiseite stellen.

Moules frites

Ausgebackene Muscheln

2 kg Miesmuscheln
Mehl
1 Ei
wenig Milch
Paniermehl
Zitrone

- Die Muscheln vorbereiten, aus den Schalen lösen und mit Haushaltpapier trocknen.
- Mit Mehl bestäuben.
- Das Ei mit wenig Milch verquirlen und die Muschel darin tunken.
- Im Paniermehl wenden, in heissem Öl goldgelb backen.
- Mit Zitrone servieren.

Moules marinières

Muscheln in Weissweinsud

2 kg Miesmuscheln
50 g Butter
2 Schalotten
4 EL Paniermehl
2 Knoblauchzehen
1 Glas Weisswein
1 Glas Kochsud
Petersilie
Pfeffer

- Die Muscheln nach der Grundzubereitung vorbereiten.
- In einer grossen Pfanne die Butter erhitzen, die Schalotten hacken und darin glasig dünsten.
- Das Paniermehl und den zerdrückten Knoblauch dazugeben, gut mit den Schalotten mischen.
- Wein und Kochsud dazugiessen. Die Petersilie fein schneiden und darüber streuen. Pfeffern.
- Die vorbereiteten Muscheln in die Sauce legen (ganz oder eine Schalenhälfte entfernen) und noch einige Minuten köcheln lassen.

MOULES FRITES

Faire ouvrir les moules, les faire égoutter et sécher sur un linge.

Soupoudrez les moules de farine, trempez-les dans un œuf battu avec un peu de lait, roulez dans la chapelure, faites frire doré à l'huile très chaude.

Servez avec un citron.

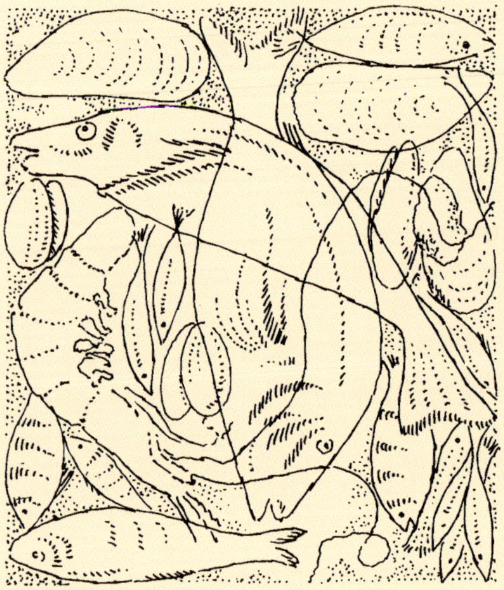

Tellines

In den Fisch- und Muschelfangzeiten kann man auch den Telline-Fischern zuschauen. Im seichten Wasser stehend ziehen sie breite Siebe durch den Sand und holen unzählige dieser flachen Muscheln aus dem Meer. Und wenn die Kinder es ihnen nachmachten und mit einem alten Salatsieb Tellines fischten, konnte es schon geschehen, dass man sich beim Essen der Muscheln mit dem Sand zugleich die Zähne polierte – gebe es doch eine ganze «merdiliarde» Sandkörner, wie eines von ihnen meinte …

Moules à la béchamel

Muscheln mit Béchamelsauce

2 kg Miesmuscheln
Sauce Béchamel (siehe Seite 92)
2 Knoblauchzehen
Petersilie
Pfeffer

- Die Muscheln nach der Grundzubereitung vorbereiten und aus den Schalen lösen.
- Die Béchamelsauce mit dem Muschelsud zubereiten.
- Durchseihen, den zerdrückten Knoblauch, fein geschnittene Petersilie und Pfeffer dazugeben.
- Die ausgelösten Muscheln in die Sauce legen und noch 2–3 Minuten heiss werden lassen.

Moules en coquilles

Muscheln in der Schale

2 kg Miesmuscheln
150 g Champignons
25 g Butter
Béchamelsauce (siehe Seite 92)
50 g Käse, gerieben
Paniermehl
Butterflocken

- Die Muscheln nach der Grundzubereitung vorbereiten und aus den Schalen lösen. Einige grosse Schalen aufheben und diese mit 3–4 Muscheln füllen.
- Die Pilze feinblätterig schneiden, in etwas Butter dünsten und über die Muscheln verteilen.
- Mit der Béchamelsauce überziehen, den geriebenen Käse und etwas Paniermehl darüber streuen.
- Butterflocken darauf legen und im heissen Ofen bei 250 Grad einige Minuten überbacken.

Moules à la sauce tomate

Muscheln mit Tomatensauce

2 kg Miesmuscheln
½ l Tomatensauce (siehe Rezept Seite 91)
Basilikum

- Die Muscheln nach der Grundzubereitung vorbereiten und jeweils eine Schalenhälfte entfernen.
- Die Muscheln auf eine vorgewärmte Platte legen.
- Mit reichlich Tomatensauce übergiessen und mit Basilikumblättern garnieren.

Tellines

Plattmuscheln

500 g Tellines (Plattmuscheln)
Öl
Zitrone

Persillade:
2 Knoblauchzehen
reichlich Petersilie

- Die Muscheln gut abspülen und abtropfen lassen.
- Wenig Öl heiss werden lassen. Die Muscheln dazugeben und unter fleissigem Wenden erhitzen, bis alle geöffnet sind. Die Muscheln auf einer Platte oder in einer flachen Schüssel abkühlen lassen.
- Aus Knoblauch und Petersilie eine Persillade herstellen (siehe Seite 93).
- Die Muscheln mit Zitronensaft beträufeln und die Persillade darüber verteilen.

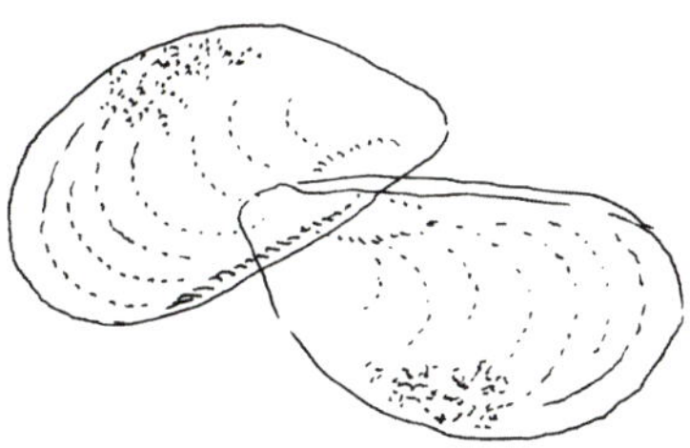

Rouille

Die klassische Fischsauce

4–5 Knoblauchzehen
4 getrocknete Pfefferschoten
1 TL Paprikapulver, edelsüss
4 EL Brotbrösel
4 EL Olivenöl
Fischsud
Salz

- Den Knoblauch und die entkernten Pfefferschoten mit wenig Salz im Mörser zerstossen.
- Paprika und die Brösel dazugeben und weiterreiben, bis eine Paste entstanden ist.
- Das Öl tropfenweise dazurühren.
- Diese rote Paste mit heissem Fischsud verdünnen und zu gebackenem Fisch oder Fischsuppe servieren.

Maquereaux au beurre noir

Makrelen mit brauner Butter

4 Makrelen
8 Kartoffeln
150 g Butter
1 EL Essig

- Die Makrelen unter fliessendem Wasser ausnehmen und waschen.
- Die Fische 20 Minuten in Salzwasser ziehen lassen.
- Die Kartoffeln schälen, längs halbieren und ebenfalls in Salzwasser kochen.
- Die Makrelen herausheben und abtropfen lassen. Den Kopf wegschneiden, die Fische an der Bauchseite aufschneiden, die Gräte vorsichtig herauslösen und die Filets auf eine vorgewärmte Platte legen. Die Kartoffeln dazu legen.
- Die Butter braun werden lassen, den Essig dazugeben und das Ganze über die Fische giessen.

Poissons panés

Panierter Fisch

800 g Fische, küchenfertig
Zitrone
2 Eier
wenig Milch
wenig Mehl
frische Brotbrösel
Butter
Öl
Salz oder Gewürzmischung

- Die Fische beidseitig würzen und mit etwas Zitronensaft beträufeln. Kurz ziehen lassen.
- Die Eier mit wenig Milch und den Gewürzen verquirlen.
- Die Fische beidseitig leicht mehlen, durch die Eimischung ziehen, in den Bröseln wenden und im erhitzten Öl ausbacken.
- Mit Zitronenschnitzen und Zitronenmayonnaise (siehe Seite 95) servieren.

Sardines grillées

Grillierte Sardinen

12 frische Sardinen
Salz
Zitrone

- Die Sardinen unter fliessendem Wasser schuppen und ausnehmen.
- Auf dem Grill auf beiden Seiten braten.
- Auf Teller legen. Zitronenschnitze, Salz und Baguette dazu reichen.

Tipp: Frische Sardinen sind sehr zart und sollten ebenso angefasst werden!

Sardines au four à la persillade

Im Ofen gebackene Sardinen

Pro Person:

Als Vorspeise 3, als Hauptgericht
5 frische Sardinen
Salz
Olivenöl
Zitronen

Belag:
1 Tasse Brotbrösel
Persillade aus 5 Knoblauchzehen und
1 Bund Petersilie (siehe Seite 93)

- Von den Sardinen die Köpfe wegschneiden, die Fische unter fliessendem Wasser aufschneiden und säubern. Auf Küchenkrepp legen, gut abtrocknen, flachdrücken und salzen.
- Das Backblech mit wenig Öl ausreiben.
- Die Brotbrösel gut mit der Persillade vermischen. Auf jede Sardine 1 EL Bröselmischung geben, mit einigen Tropfen Olivenöl beträufeln.
- Im heissen Ofen auf der mittleren Rille bei 220 Grad 15 Minuten backen.
- Mit Zitronenhälften zum Beträufeln servieren.

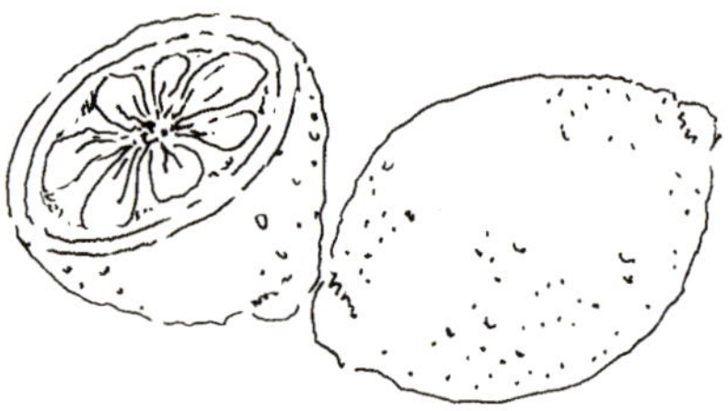

Maquereaux grillés

Grillierte Makrelen

4 frische Makrelen
Fenchelkraut nach Belieben
wenig Öl
Salz
Zitrone

- Die Makrelen unter fliessendem Wasser ausnehmen, waschen und trockentupfen.
- In die Bauchhöhle jeweils etwas Fenchelkraut geben.
- Die Fische mit wenig Öl bepinseln und grillieren.
- Mit Salz und Zitronenschnitzen servieren.

Tipp: Dazu passt ausgezeichnet in Butter gedämpfter Fenchel.

Petits poissons à la poêle

Kleine ausgebackene Fische

12–16 ganze Fische (Capelan, Merlan,
Rouget/Rotbarbe, Limande/Rotzunge),
je nach Grösse
Salz
Mehl
Zitrone

- Die Fische säubern, eventuell die Köpfe wegschneiden, die Fische trockentupfen und salzen. Leicht mit Mehl bestäuben.
- Die Fische in Butter-Öl-Mischung beidseitig goldbraun backen.
- Mit Zitronenschnitzen servieren.

Kleine ausgebackene Fische

Friture à ma façon

Frittierte Fische nach Hausart

600–800 g kleine Fischchen zum Frittieren, küchenfertig
2 EL Mehl
Salz, weisser Pfeffer
Butter und Öl
Zitrone

- Die Fische in ein Sieb geben, gründlich waschen und abtropfen lassen. Mit Küchenkrepp gut trockentupfen.
- In einem Plastikbeutel das Mehl und die Gewürze mischen.
- Die Fischchen in den Beutel geben und vorsichtig rundherum mit der Mehlmischung panieren. Sie sollen fein mit Mehl überzogen sein und nicht mehr aneinander kleben. In einem trockenen Sieb gut abschütteln.
- Die Fische portionenweise in der heissen Butter-Öl-Mischung ausbacken.

Tipp: Diese knusprige Köstlichkeit geniesst man mit viel Zitrone.

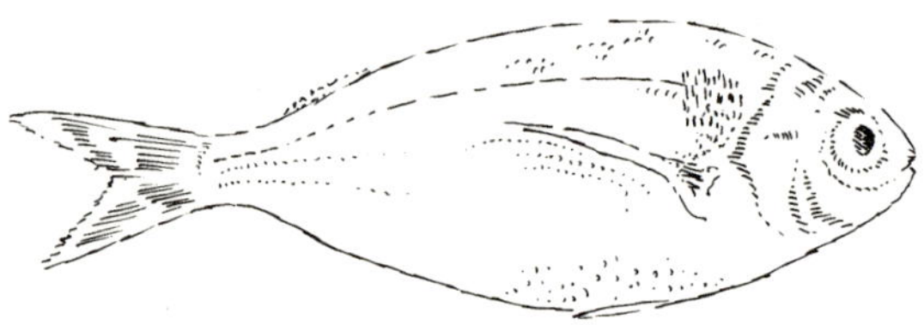

Aile de raie à la poêle

Frittierter Rochenflügel

2–4 Rochenflügel
2 EL Mehl
Salz, weisser Pfeffer
Butter und Öl
Zitrone

- Die Rochenflügel unter fliessendem Wasser waschen und gut abtrocknen.
- Zubereiten nach dem Rezept «Friture à ma façon».
- Zum Servieren streift man das Fischfleisch mit einer Gabel von der einen Seite ab und gibt es auf einen Teller. Dann dreht man den Rochenflügel um und streift das Fleisch der zweiten Seite ab. Mit Zitrone beträufeln und geniessen!

Tipp: Ein grosser Rochenflügel genügt als Vorspeise für 2 Personen.

Dorade au four

Im Ofen gegarte Goldbrasse

1 grosse Dorade (Goldbrasse; ca. 800–1000 g)
2 Zitronen
Fenchelkraut oder Dill nach Belieben
50 g Butter

- Den Fisch unter fliessendem Wasser schuppen und ausnehmen (oder vom Fischhändler besorgen lassen), waschen und trockentupfen.
- Eine Zitrone auspressen, den Saft in den Bauch und über den Fisch giessen. Die zweite Zitrone in Scheiben schneiden.
- Die Dorade innen und aussen salzen, nach Belieben die Kräuter in die Bauchhöhle geben. Den Fisch mit den Zitronenscheiben belegen und in eine ausgebutterte Form geben.
- Die Butter schmelzen und über den Fisch träufeln.
- Im Ofen bei 200 Grad 25–35 Minuten garen.

Poisson à l'oseille

Fisch mit Sauerampfersauce

1 kg Fische (Forelle, Goldbrasse, Seeteufel, Makrele, Kabeljau usw.)

Fischsud (Court-Bouillon):
2 Karotten
1 Zwiebel
1 l Wasser und ½ Glas Essig
oder ½ l Wasser und ½ l Weisswein
1 Kräutersträusschen
2 Gewürznelken
Salz, Pfeffer

Sauerampfersauce:
1 grosse Hand voll Sauerampferblätter
2 Schalotten, fein gehackt
Butter und Öl
200 ml Bouillon
1 Becher (180 ml) Vollrahm

- Die Fische unter fliessendem Wasser waschen, säubern, falls nötig ausnehmen und abtropfen lassen.
- Für den Sud Karotten und Zwiebel in Scheiben schneiden. Zusammen mit allen weiteren Sudzutaten in einen weiten Topf geben und 45 Minuten kochen.
- Die Fische in den kochenden Sud legen. Den Topf vom Feuer nehmen und die Fische je nach Grösse 10–20 Minuten darin ziehen lassen.
- Für die Sauce den Sauerampfer waschen, grobe Stiele entfernen, die Blätter trockenschleudern und in Streifen schneiden.
- Die Schalotten fein hacken und im heissen Fett glasig dünsten. Den Sauerampfer dazugeben und rühren, bis er zusammenfällt. Die Bouillon dazugiessen und 15 Minuten köcheln lassen.
- Den Rahm darunter mischen. Nicht mehr kochen lassen!
- Die Fische aus dem Sud heben, abtropfen lassen, anrichten und mit der Sauce überziehen. Dazu passen Salzkartoffeln.

Thon à l'escabèche

Tunfisch in saurer Sauce

Frischer Tunfisch, in etwa 2 cm dicken Scheiben

Saure Sauce:
3–4 Schalotten oder eine rote Zwiebel
2 Knoblauchzehen
200 ml Wasser
100 ml Essig (wenn möglich Schalottenessig)
1 TL Maisstärke

- Fischtranchen nach dem Rezept «Thon frais» (Seite 52) braten.
- Die Schalotten fein hacken, den Knoblauch zerquetschen. Zusammen mit Wasser und Essig aufkochen und auf die Hälfte reduzieren (dies dauert etwa 40 Minuten).
- Die Maisstärke mit wenig Wasser anrühren, zur Sauce geben und diese nochmals etwas eindicken lassen.
- Die gebratenen Tunfischscheiben in der Sauce noch etwa 15 Minuten köcheln lassen.
- Dazu passt Camargue- oder Basmatireis.

Tipp: Es empfiehlt sich, dieses Rezept in genügend grosser Menge zuzubereiten; ein Rest schmeckt als kalte Vorspeise nämlich ebenso köstlich! Dazu den Fisch nach dem Erkalten in Würfel oder Streifen schneiden und mit knusprigem Baguette servieren.

Es empfiehlt sich, genügend Thon zu kaufen, weil der Rest als kalte Vorspeise ebenso köstlich schmeckt!

Thon frais

Tunfisch in Tomatensauce

Tomatensauce (siehe Seite 91, «à la patronne»)

Pro Person:

1 Scheibe frischer Tunfisch, ca. 2 cm dick
Salz, Pfeffer
Mehl

- Zuerst die Tomatensauce zubereiten.
- Die Tunfischscheiben trockentupfen, salzen, pfeffern und mit Mehl bestäuben.
- In wenig Öl auf jeder Seite 5 Minuten langsam braten.
- Den Fisch in die heisse Tomatensauce legen und etwa 15 Minuten darin ziehen lassen.

Thon Peking Julie

Peking-Tunfisch nach Julies Art

Dieses Rezept, das kürzlich aus Intuition und Zufall entstand, ist in 20 Minuten servierbereit!

Für 2 Personen:

2 Portionen Basmatireis
1 dicke Scheibe frischer Tunfisch (ca. 400 g)
1 Schalotte, fein gehackt
1 Beutel Peking-Lemonsauce (aus dem Asienladen)

- Den Reis nach Packungsanleitung kochen.
- Den Tunfisch nach dem Rezept «Thon frais» braten und beiseite stellen.
- In derselben Pfanne wenig Butter schmelzen und die Schalotte darin anziehen lassen.
- Den Tunfisch in Würfel schneiden, dazugeben und nochmals kurz mitdünsten.
- Die Sauce zum Fisch giessen, umrühren, heiss werden lassen – und fertig ist das Gericht!

Merlan au vin blanc

Merlan in Weisswein gegart

4 Schalotten
Petersilie
1 Glas Weisswein
4 Merlans (Wittlinge), küchenfertig
2 EL Paniermehl
50 g Butter
Salz, Pfeffer

- Eine feuerfeste Form ausbuttern.
- Die Schalotten hacken und auf dem Boden verteilen. Mit gehackter Petersilie, Salz und Pfeffer bestreuen. Den Wein dazugiessen.
- Die vorbereiteten Fische darauf legen und das Paniermehl darüber verteilen. Mit reichlich Butterflocken belegen.
- Die Fische im Ofen bei 200 Grad 20–30 Minuten braten.
- Dazu passen Salzkartoffeln und Fenchel «au naturel».

Tipp: Auf dieselbe Art zubereitet schmecken auch Seezungenfilets (Filets de sole) sehr gut!

Peking-Tunfisch nach Julies Art

Fenchel, passt gut zu Fisch!
Rezept:
4 Fenchelknollen halbieren und jede Hälfte längs in 3 Schnitze schneiden.
Im Salzwasser etwa 15 Minuten kochen.
gut abtropfen, zurück in die Pfanne legen und die restliche Flüssigkeit verdampfen lassen. Mit etwas zerlassener Butter servieren.

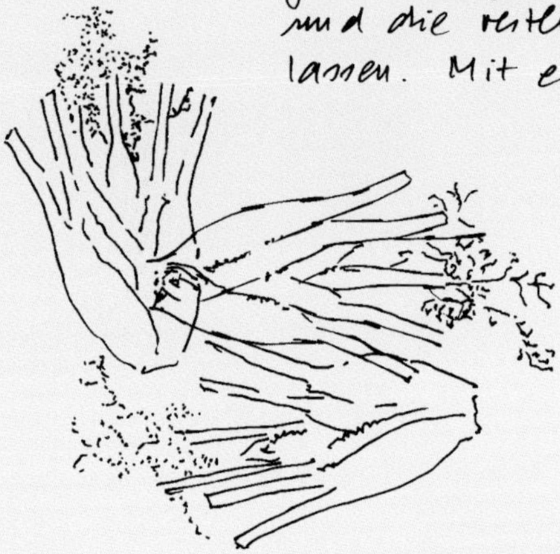

Sauerampfermayonnaise – einfach raffiniert

1 Schalotte
1 Handvoll Sauerampfer
2 EL Olivenoel
2 EL Zitronensaft
4 EL Mayonnaise aus der Tube

- Im Oel die feingehackte Schalotte glasig dünsten
- Den in Streifen geschnittene Ampfer beigeben
- etwas Salz und eine Prise weissen Pfeffer beifügen
- 10 Minuten köcheln, abkühlen
- Mit Zitronensaft und Mayonnaise verrühren

Fein zu blauen Forellen oder ähnlichen Fischen aus dem Sud.

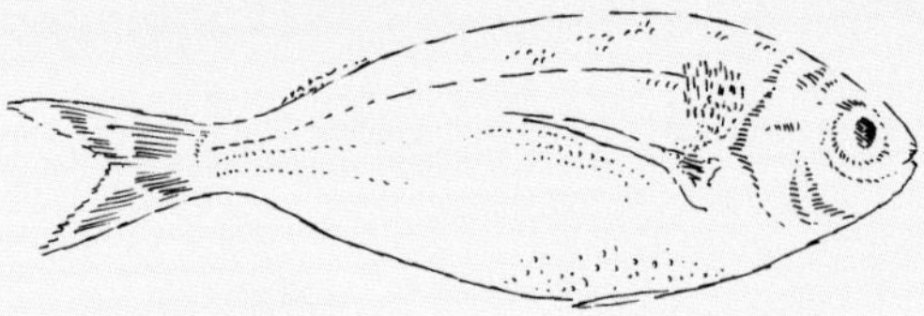

POISSONNERIE
GARRIDO
Sardine

Morue

Stockfisch

Grundrezept

- Den getrockneten, eingesalzenen Stockfisch 24 Stunden in viel frisches Wasser legen (siehe Zeichnung). Das Wasser zwei bis drei Mal erneuern.
- Anschliessend den Fisch gut abspülen und in frischem Wasser aufkochen, bis es Blasen bildet. Abschäumen und bei sehr kleiner Hitze weitere 15 Minuten nur ganz leicht köcheln, eher ziehen lassen.

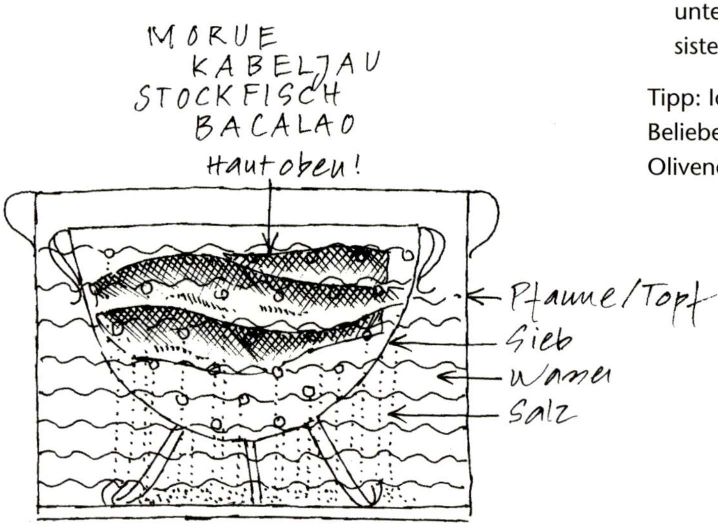

Morue à l'aïoli

Stockfisch mit Knoblauchmayonnaise

In «unserer» Gegend reicht man zur gekochten, heissen Morue verschiedene gekochte Gemüse wie Karotten, Blumenkohl, Zucchini, Kartoffeln, alle einzeln in Salzwasser gekocht. Man richtet sie rund um den Fisch an und reicht dazu die berühmte Aïoli.

Aïoli

Knoblauchmayonnaise

2 Knoblauchzehen
1 Eigelb
2 Scheiben Baguettebrot
Milch
Salz, Pfeffer
300–400 mi Öl

- Die Knoblauchzehen im Mörser zerdrücken. Das Eigelb darunter mischen.
- Das Baguettebrot in etwas Milch einweichen, gut auspressen und zur Knoblauchmischung geben. Salzen, pfeffern und alles gut mischen.
- Das Öl zuerst tropfenweise und dann noch so viel unterrühren, bis die gewünschte Menge und Konsistenz erreicht ist.

Tipp: Ich verwende Distel- oder Maiskeimöl. Nach Belieben kann man die Sauce auch mit einem feinen Olivenöl herstellen.

Morue à la sauce tomate

Stockfisch mit Tomatensauce

600 g Stockfisch

Tomatensauce:
6 Knoblauchzehen
1 grosse Zwiebel
500 g Tomaten
1 Zweig Thymian
1 Lorbeerblatt
Olivenöl
Salz, Pfeffer

- Den Stockfisch nach dem Grundrezept kochen.
- Den Fisch zerteilen, Haut und Gräte entfernen.
- Für die Sauce den Knoblauch zerdrücken und die Zwiebel hacken, die Tomaten schälen und grob schneiden. Aus den angegebenen Zutaten nach dem Rezept Seite 91 («à la patronne») eine feine Tomatensauce kochen.
- Die Sauce durchseihen und über den Fisch giessen.

Gratin de poissons

Fischragout in der Muschel überbacken

Fischreste
Zitronensaft
Béchamelsauce (siehe Seite 92)
Paniermehl
Butter

- Die Fischreste von Gräten befreien, in Stücke zerpflücken und in 4 leere tiefe Jakobsmuschelschalen verteilen.
- Mit etwas Zitronensaft beträufeln.
- Die Béchamelsauce darüber giessen.
- Im Backofen bei 200 Grad etwa 20 Minuten überbacken.

Spaghettis à la sauce saumon

Lachsspaghetti

500 g Spaghetti
250 g frischer Lachs
2 Schalotten
20 g Butter
1 Becher (180 ml) Vollrahm

- Die Spaghetti in reichlich Salzwasser kochen.
- Den Lachs in dicke Streifen und dann diese in feine Lamellen schneiden.
- Die Schalotten fein hacken, in der Butter glasig dünsten. (Achtung: Nicht braun werden lassen!)
- Den geschnittenen Lachs dazugeben und unter die Schalotten mischen. 1–2 Minuten garen. Den Rahm dazugiessen und heiss werden lassen.
- Die Sauce über die heissen Spaghetti anrichten.

Tipp: Zusammen mit einer grossen Schüssel gemischter Blattsalate servieren.

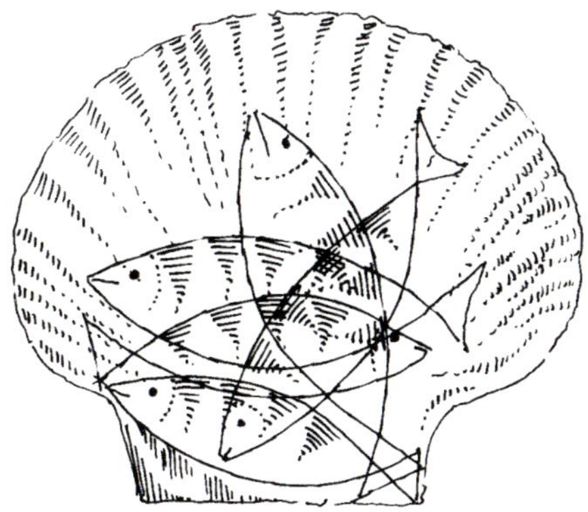

Das tägliche Brot

Die kleine Dorfbäckerei ist ab halb sieben Uhr morgens geöffnet. Frische, duftende Ficelles, Baguettes, Flûtes und Gros-Pains liegen in den Körben, üppige Buttergipfel mit oder ohne «chocolat». Daneben gibt es auch währschafteres Pain paillasse, Ruchmehlbrot und Fougasse, die beliebte Zwischenverpflegung vieler Südfranzosen.

Auf die feine weisse Ficelle oder Baguette zum Frühstück kommt süsse Butter aus der Normandie, dann selbst gemachte Konfitüre oder Lavendelhonig vom Nachbarn. Sie dauern meistens lang, die «petits déjeuners». Man bespricht den Tag, der vor einem liegt. Und dabei kommt meist schon die Lust aufs Einkaufen, Kochen und Geniessen auf. All dies zusammengenommen ist in der Tat ein schönes Stück Kultur, das Privileg, geniessen zu können.

«Was machen wir heute zum Abendessen?»

Brotrezepte

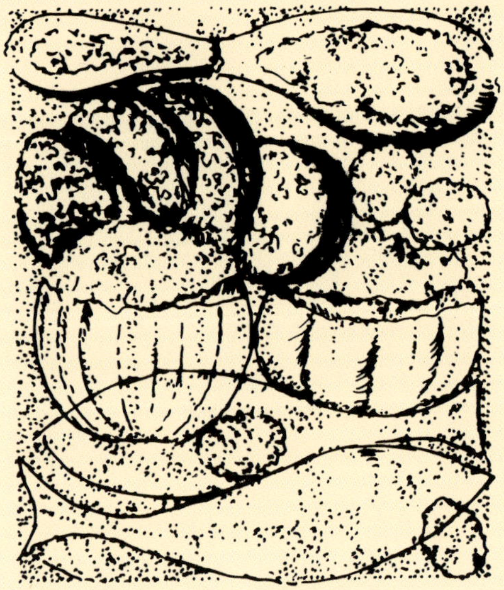

1965
Moules marinières
Salade verte
Saucisson sec, olives
Artichauts à l'oseille
Beefsteak formidable
Pommes de terre grillées
Camembert

1968
Capelans, Limandes,
Dorades, Sardines,
Anchois, Tellines,
Seiches, Poulpes,
Moules, Solettes, Thon,
Maquereaux, Rougets...

1972
Sardines à la braise
Tomates en salade
Pâté de campagne
Saucisse espagnole
Fromage frais
Figues et raisins

am Sonntag, 21.10.73
... essen wir eine
wunderbare Dorade aus
dem Ofen: Fenchel im
Bauch, Butter und
Zitrone auf dem Rücken.

Ostern 1976
Tellines au citron
Radis - beurre
Dorade au four
Rougette de Montpellier
Jambon cru
Asperges au beurre
Rôti de porc Brès
Chou-fleur
Fromage de chèvre frais

1978
Maquereaux à la braise
Salade verte et tomates
Saucisson sec, olives
La Daube
Riz de Camargue
Fromages
Hintz-Eggli (de Hermann)
Café

1984
Artichauts vinaigrette
Sardines à la braise
Salade frisée
Rumpsteak à l'oignon
Tomates provençales
Fromages

1987
Maquereaux à la braise
Salade sucrine
Artichauts
Cotelettes de mouton
Pois mangetout
Fromages
Fraises - Blanc Battu

MENU

11 April 81

1. les delines
2. le salade verte
3. le pathe
4. les olives
5. la saussison sec
6. le roti de porc
7. les legumes
8. le fromage
9. le dessert

Bon appetit!

1990
Morue à l'aïoli
carottes, chou-fleur,
Pommes de terre
Les Fromages
Les Fruits

1993 14 juillet
La Daube gardian
Salades
Abricots
... et Léo Ferré est mort

1996, avril
Asperges de Ernst
Escalopes de veau
Courgette sautée
Salade frisée
Reblochon

1997, avril
Tellines en salade
Salade Sucrine
Pâté Forestière
Blanc Battu - Fraises

1999, octobre
Tomatensuppe, gefüllte
Tomaten, Tomatensalat,
Tomatenhähnchen
Dorsch im Tomatenbett
.... gekocht, Fotografiert
und gegessen mit Iris,
Andreas und Julie ....
(Tomaten - die besten Rezepte)

2000, septembre
Zwiebelcrèmesuppe,
Zwiebelsalat
Zwiebelschnitten
Zwiebelküchlein.. etc...
gekocht. Fotografiert
und gegessen mit Iris,
Andreas und Julie....
(Zwiebeln - die besten Rezepte)

2001, septembre
Aile de Raie
Sucrine
Tomates et oignons farcis
Blanc battu
Raisins et figues

2002, avril
Soupe maison
Capelans grillés
Sucrine
Roquefort - beurre
Fraises, Battu

Die meistgeliebten Kindermenus

1. Omeletten mit  -  - 
2.  - Gratin, mit .... allem.
3.  mit Butter - 
4. Süpf-Suppe 
5. Telline-Salat = Münz im Täller 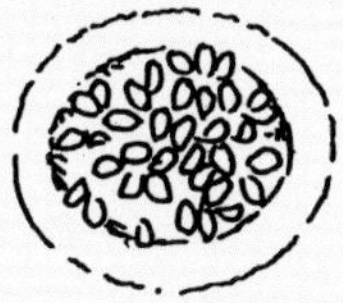
6. Cotelettes 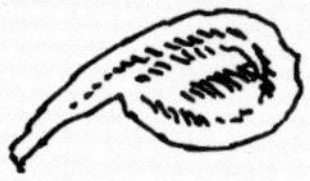 - vor allem Knochennagen
7. Petit Suisse, mit dem Zuckerdach = "Mühleli" 
8. Battu mit Zucker, Honig, Confitüre und 
9. Flan - am liebsten Pistache, weil grün!
10. Götterspeise mit Früchten + Vanilleflan.
11. Arme Ritter .... da braucht es viele davon!
12. .... und am Dorffest ein "PIROULI": gefrorener Sirup in Plastikstängeln ...

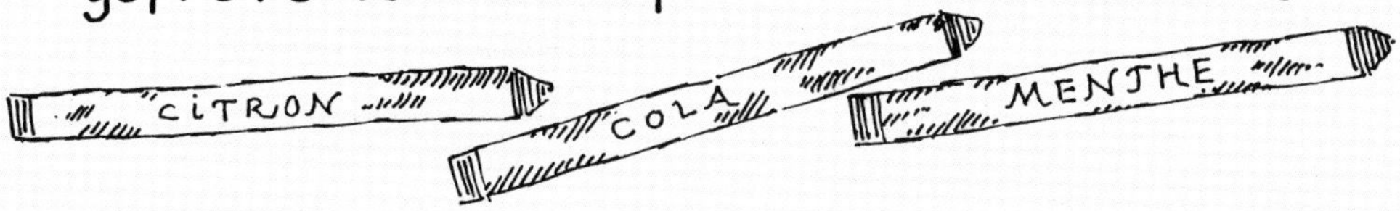

... et le reste du menu

Das Esszimmerfenster geht direkt hinaus auf die Gasse vor dem Haus, die Fensterbank ist niedrig. Nur einen kleinen Sprung mussten die Katzen machen, und schon sassen sie am Fenster mit freiem Ausblick auf die Köstlichkeiten in Schüsseln und Tellern auf dem Tisch. Grisou, eine kräftige graue Katze, war meist als Erste da, dann kamen noch eine, zwei mehr. Sie wussten, ihre Geduld würde belohnt werden. Beim Rüsten und Vorbereiten in der Küche wurde manches für sie beiseite gelegt, Köpfe und Flossen von Fischen, die Haut der Blutwurst ...

Les Viandes
Fleischgerichte

Blutwurst

Boudin à l'ail

Blutwurst

600–800 g dicke Blutwurst
1 grosse Zwiebel
Butter und Öl

- Die Zwiebel in Ringe schneiden und in der Butter-Öl-Mischung kurz rösten.
- Die Wurst dazulegen und beidseitig langsam braten, bis die Zwiebeln etwas Farbe angenommen haben.
- Die Blutwurst in Stücke schneiden, auf vorgewärmte Teller legen und mit den Zwiebeln garnieren.

Tipp: Dazu passt ausgezeichnet ein Risotto aus Camarguereis.

Rôti de porc à l'oignon

Schweinebraten im Zwiebelbett

Für 6 Personen

1½ kg Schweinsbraten vom Hals
Butter
2 Gemüsezwiebeln (800 g)
Senf, Salz, Pfeffer, Butter
Weisswein, Bouillon

- Das Fleisch mit reichlich Senf, etwas Salz und Pfeffer einreiben.
- Die Bratform mit 1 EL Butter ausstreichen und das Fleisch hineinlegen.
- Die Zwiebeln schälen, halbieren und in dicke Schnitze schneiden. Wie einen Kranz um das Fleisch legen.
- Den Braten in den heissen Ofen schieben. Wenn sich die Oberfläche zu bräunen beginnt, etwas Weisswein und Bouillon zugeben und in der Folge das Fleisch fleissig, das heisst alle 15 Minuten, übergiessen. Die Hitze reduzieren und den Braten 1½ Stunden fertig garen. Wenn nötig, noch Flüssigkeit zugeben. Achtung: Die Zwiebeln geben selbst viel Flüssigkeit ab, und es soll zuletzt nur wenig Jus verbleiben.

Tipp: Blumenkohl «au naturel» passt gut dazu.

Escalopes de veau

Kalbsschnitzel

4 Kalbsschnitzel
30 g Butter
2 Schalotten
Petersilie
50 ml Bouillon
Salz, Pfeffer

- Das Fleisch in der heissen Butter auf jeder Seite 2–3 Minuten braten.
- Die Schalotten und die Petersilie fein hacken und dazugeben.
- Die Schnitzel salzen, pfeffern und auf vorgewärmte Teller anrichten.
- Die Bouillon in die Pfanne giessen, den Bratfond lösen und über das Fleisch verteilen.

Tipp: Junge, zarte Erbsen, gegart und in Butter geschwenkt, oder «Petits pois extra fins» aus der Dose als Beilage.

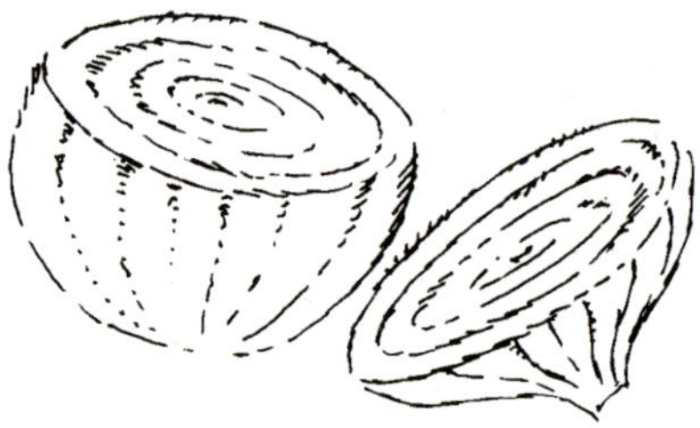

Daube gardian

Zwiebelfleisch aus der Camargue

1 kg mageres Rindfleisch (Laffe oder Schulter)
Öl
500 g Zwiebeln
500 g Karotten
6 Knoblauchzehen
1 kleine Dose (200 g) Tomaten (Pelati), gewürfelt
1 kleine Dose (70 g) Tomatenpüree
600 ml Rotwein
3 Zweige Thymian
3 Lorbeerblätter
Salz, Pfeffer

- Das Fleisch in dicke Streifen und diese dann in mundgerechte Würfel schneiden. In wenig Öl portionenweise ringsum anbraten, etwas braun werden lassen. Mit einem Sieblöffel herausheben und in den Schmortopf geben.
- Die Zwiebeln schälen und in Streifen, die Karotten in kleinfingerlange und -dicke Stücke schneiden, den Knoblauch zerquetschen.
- Im verbleibenden Fett Zwiebeln, Knoblauch und Karotten gut durchbraten. Die gewürfelten Tomaten und das Tomatenpüree darunter mischen und mit dem Wein aufgiessen. Das Gemüse zum Fleisch in den Schmortopf geben, mit Thymian, Lorbeer, Salz und Pfeffer würzen.
- 3 Stunden bei geringer Hitze gar schmoren. Einige Male umrühren und falls nötig Rotwein nachgiessen.

Metzger Brès, der Linkshänder

*Er entsprach eigentlich nicht dem Bild, das man sich gemeinhin von einem Metzger macht. Er war klein und hager. Und er war Linkshänder. Hatte die Familie Lust auf ein Pot-au-feu, ging Kaspar Landis zu Monsieur Brès. In seiner ganzen Grösse stand er vor dem Metzger und zeigte mit ausladender Gebärde, dass er zum Fleisch gerne noch einen wirklich grossen Markknochen hätte. Der Metzger nahm die Säge zur Hand und sägte geräuschvoll und geduldig halbmeterlange Ochsenbeine zurecht – linkshändig wohlverstanden. Es dauerte …
Monsieur Brès war glücklich, dass er seinen Kunden so grosszügig bedienen konnte – die Freude las er von seinem Gesicht ab.*

Daheim assen wir dann das Mark mit Hochgenuss. In feine Scheibchen geschnitten, auf ein Stück frischer Baguette gelegt und mit Salz bestreut. Ein Königsmahl – oder wie wir als Steigerung von Luxus sagten: eine «Luxusion».

A propos "TORO":
Die Sommerspiele mit dem Rindvieh haben zur Folge, dass es in den Metzgereien "Toro sauvage" zu kaufen gibt – ein überaus kräftiges, dunkelrotes Fleisch. Daraus kocht man den "Daube gardian". In vielen Metzgereien wird er schon zubereitet verkauft – allerdings fehlt dann der appetitliche Geruch im ganzen Haus, weil er ja stundenlang köchelt und einem dabei schon lange das Wasser im Munde zusammenläuft!

Côtelettes de mouton grillées sur feu de thym

Schafskoteletten vom Thymianfeuer

- Das Fleisch mariniere ich mit Dijonsenf, Salz, Pfeffer, Thymian und Öl.
- Sobald sich im Cheminée eine schöne Glut gebildet hat, lege ich ein paar Büschel Thymian darauf und sofort die vorbereiteten Koteletten auf den Rost. Auf jeder Seite etwa 3–4 Minuten braten (sehr dick geschnittene nach Bedarf auch länger). Sehr gut passt dazu ein Bohnenpüree (Rezept Seite 88).

Escalopes de porc à la moutarde

Schweinsschnitzel mit Senfsauce

8 kleine Schweinsschnitzel vom Hals
Mehl
2 Schalotten
Butter und Öl
2 EL Dijonsenf
½ Glas Weisswein
1 Becher (180 ml) Rahm oder Sauerrahm
Salz, Pfeffer

- Die Schnitzel salzen, pfeffern und mit Mehl bestäuben.
- Die Schalotten fein hacken, in einer weiten Bratpfanne in etwas Butter anziehen lassen. An den Rand schieben, dann die Fleischplätzchen dazulegen, Butter und Öl zugeben und die Schnitzel langsam braun braten (auf jeder Seite ca. 3 Minuten). Alle Schnitzel auf eine Seite der Pfanne schieben.
- Den Senf unter die Schalotten mischen. Den Wein dazugiessen, verrühren, die Schnitzel wieder in der Pfanne verteilen, nochmals wenden.
- Den Rahm dazugiessen und unter die Sauce ziehen. Nur noch heiss werden lassen.

Tipp: Nudeln passen gut dazu!

Poulet rôti au citron

Zitronenhuhn

1 Poulet (Huhn) von ca. 1 kg, küchenfertig
2 Zitronen
50 g Butter
etwas Wasser oder Weisswein
Salz, Pfeffer

- Das Huhn innen salzen und pfeffern. In eine Bratform geben.
- 1 Zitrone in Scheiben schneiden und das Poulet damit belegen.
- Das Huhn mit zerlassener Butter übergiessen und in den auf 220 Grad vorgeheizten Ofen schieben.
- Die zweite Zitrone auspressen und nach 15 Minuten sorgfältig über das Poulet giessen.
- Nach 45 Minuten Bratzeit das Huhn aus der Form nehmen.
- Den Bratfond mit wenig heissem Wasser oder Weisswein auflösen und über das Fleisch giessen.

Tipp: Frische gedünstete Kefen (Kaiserschoten) passen gut dazu.

Poulet sauté aux poivrons

Geschmortes Huhn mit Peperoni

1 Poulet (Huhn), in Stücke zerteilt,
oder entsprechende Menge Pouletschenkel,
Flügel usw. nach Belieben
Olivenöl
3 grüne Peperoni (Paprika)
1 grosse Zwiebel
4 Knoblauchzehen
1 grosse Fleischtomate
Salz, Pfeffer
evtl. etwas Rotwein

- Die Pouletstücke im heissen Öl rundherum anbraten.
- Die Peperoni entkernen und in Streifen schneiden. Zum Fleisch geben und mitbraten.
- Die Zwiebel in grobe Schnitze schneiden, den Knoblauch zerquetschen, die Tomate enthäuten und grob schneiden, alles beigeben. Falls das Gemüse zu wenig Flüssigkeit abgibt, etwas Wein dazugiessen.
- Zudecken und auf kleinem Feuer etwa 40 Minuten weich schmoren. Von Zeit zu Zeit wenden.

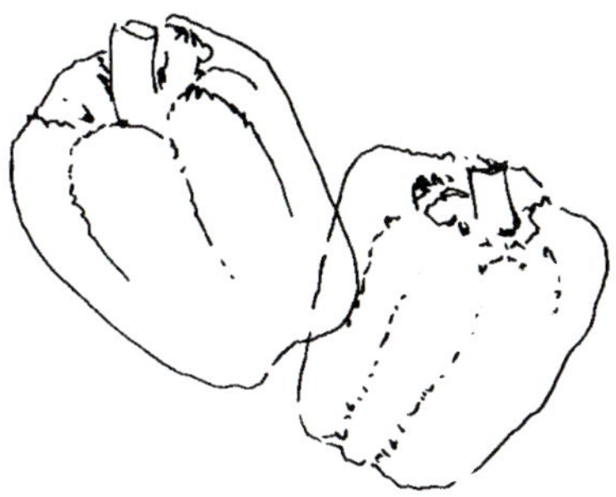

Alouettes sans têtes

Fleischvögel

16 dünn geschnittene grosse
Rindfleischschnitzel
Dijonsenf
100 g Bratspeck
1 grosse Zwiebel
1 Bund Petersilie
Baguettebrot
Mehl
Öl
4 Karotten, in Stücke geschnitten
1 Zwiebel, mit Lorbeerblatt und Nelken
besteckt
400 ml Rotwein
Salz, Pfeffer

- Die Schnitzel auslegen und mit etwas Dijonsenf bestreichen.
- Den Speck in Streifen schneiden, Zwiebel und Petersilie fein hacken, das Baguettebrot in Scheiben, dann in Streifen schneiden. Auf jedes Fleischstück etwas Brot, Speck, Zwiebel und Petersilie legen. Würzen, satt aufrollen und mit einem Zahnstocher fixieren. Die Fleischrouladen rundherum mit Mehl bestäuben.
- In heissem Öl portionenweise gut anbraten. In eine Kasserolle legen.
- Die Karotten in Stücke schneiden und zusammen mit der besteckten Zwiebel im verbliebenen Öl anbraten. Beides zum Fleisch geben.
- Den Bratfond mit dem Rotwein lösen und über das Fleisch giessen.
- Die Rouladen auf kleinem Feuer mindestens 2 Stunden schmoren lassen.
- Falls nötig etwas Wein nachgiessen, mit Fleischbouillon und Salz abschmecken.

Tipp: Dazu liebe ich Kartoffelstock (-püree).

Ma farce

Meine Brätfüllung

1 grosse Zwiebel
Butter und Öl
1 Bund Petersilie
400 g Brät
2 Knoblauchzehen
1 Ei
1 Tasse Paniermehl
½ Tasse Milch
Salz, Pfeffer

- Die Zwiebel fein schneiden und in etwas Butter und Öl andünsten. Die Petersilie fein hacken, dazugeben und noch kurz mitdünsten. Abkühlen lassen.
- Das Brät in eine Schüssel geben. Den Knoblauch dazupressen, Ei, Paniermehl, Milch, Salz, Pfeffer und die Zwiebel-Petersilien-Mischung dazugeben und (wer's mag, von Hand) gut vermengen.

Tipp: Diese Füllung eignet sich ausgezeichnet für folgende Gemüse:

Courgettes farcies

Gefüllte Zucchini

4 mittlere Zucchini
1 Portion Brätfüllung
Butter oder Olivenöl nach Belieben

- Die Zucchini schälen, halbieren und die Kerne herauskratzen.
- Die Zucchinihälften in Salzwasser 10 Minuten kochen. Abtropfen lassen.
- Füllen und fertig backen wie im Rezept «Gefüllte Tomaten» beschrieben.

Tomates farcies

Gefüllte Tomaten

8 grosse Fleischtomaten
1 EL Paniermehl
1 Portion Brätfüllung
Butter oder Olivenöl nach Belieben

- Die Tomaten waschen, den Stielansatz entfernen und einen Deckel abschneiden. Aushöhlen, innen etwas salzen und ein paar Tropfen Olivenöl hineinträufeln.
- Die Füllung satt hineinfüllen; sie darf sich über den oberen Rand der Tomaten wölben. Mit Paniermehl bestreuen und mit je einer Butterflocke belegen oder mit einigen Tropfen Olivenöl beträufeln.
- Die gefüllten Tomaten in eine flache, mit wenig Öl ausgestrichene Backform stellen. Im 220 Grad heissen Backofen 45 Minuten backen.

Tipps: Aus den Tomatendeckeln und dem herausgelösten Mark bereitet man eine feine Suppe, zum Beispiel eine kalte Tomatensuppe (siehe Seite 34), oder einen Tomaten-Drink. Auch kalt sind diese gefüllten Tomaten eine delikate Vorspeise.

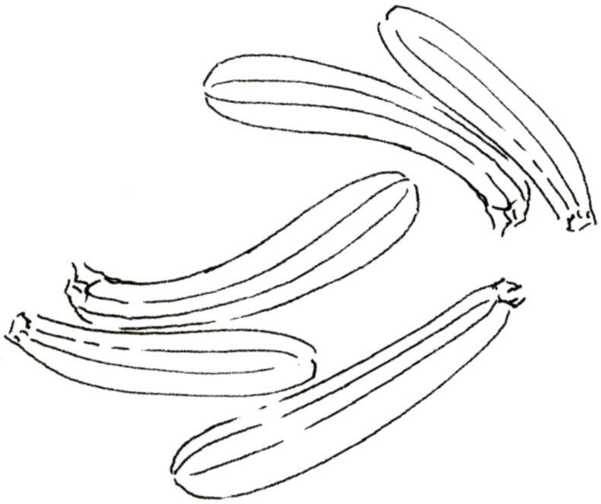

Gefüllte Zucchini

Oignons farcis

Gefüllte Zwiebeln

8 grosse Zwiebeln
250 g grobes Wurstbrät
1 Ei
2 EL Paniermehl
1 Tasse Kräuter nach Belieben
25 g Butter
100 ml Weisswein
100 ml Fleischbouillon
Salz, Pfeffer

- Die geschälten Zwiebeln in leicht gesalzenem Wasser 20–30 Minuten kochen, abschütten und erkalten lassen.
- Von den Zwiebeln einen Deckel wegschneiden, die Zwiebeln bis auf etwa 2–3 Schichten aushöhlen. Die Deckel und das Zwiebelfleisch fein hacken.
- Wurstbrät, Ei, Paniermehl und die fein geschnittenen Kräuter zu den gehackten Zwiebeln geben, würzen und gut vermischen.
- Die Zwiebeln mit der Masse füllen und in eine ausgebutterte Gratinform stellen. Auf jede Zwiebel eine Butterflocke geben. Wein und Bouillon dazugiessen.
- Im auf 220 Grad vorgeheizten Ofen garen, die ersten 15 Minuten mit Alufolie zugedeckt, dann nochmals 15 Minuten ohne Alufolie fertigbacken.

Poivrons farcis

Gefüllte Peperoni

4 Peperoni (Paprika), rot, gelb, grün nach Belieben
1 Portion Brätfüllung
Butter oder Olivenöl nach Belieben

- Die Peperoni halbieren, waschen und entkernen.
- In wenig gesalzenem Wasser blanchieren. Abtropfen lassen und füllen.
- Fertig backen wie im Rezept «Gefüllte Tomaten» beschrieben.

Aubergines farcies

Gefüllte Auberginen

4 mittlere Auberginen
1 Portion Brätfüllung
Butter oder Olivenöl nach Belieben

- Die Auberginen waschen, längs halbieren, etwas aushöhlen. Die Hälften mit Salz bestreuen.
- Mit der Schnittfläche nach unten 30 Minuten auf Küchenkrepp liegen lassen, um ihnen den bitteren Saft zu entziehen. Etwas auspressen.
- Die Auberginenhälften in eine ausgebutterte Backform legen und die Brätmasse einfüllen.
- Fertig backen wie im Rezept «Gefüllte Tomaten» beschrieben.

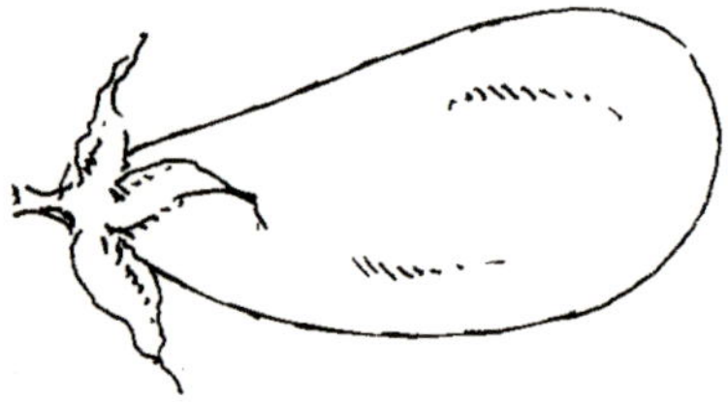

Pommes de terre farcies

Gefüllte Kartoffeln

Pro Person:

3–4 grosse Kartoffeln
1 Portion Brätfüllung
Butter oder Olivenöl nach Belieben

- Die Kartoffeln schälen, längs halbieren.
- Etwa 15 Minuten im Salzwasser kochen. Abschütten und etwas abkühlen lassen.
- Mit einem Teelöffel vorsichtig aushöhlen. Die Wand sollte noch etwa 1 cm dick sein.
- Füllen und fertig backen wie im Rezept «Gefüllte Tomaten» beschrieben.

Tipp: Aus der ausgestochenen Kartoffelmasse bereite ich ein Baby- oder Kinderpüree zu: Etwas Butter dazugeben, gut zerstampfen und luftig schlagen.

Sauce à la farce vite fait

Fleischsauce – die Lieblingssauce meiner Gäste

1 grosse Zwiebel
1 EL Öl
250 g Brät
1 grosse Tomate (oder 1 EL Tomatenpüree)
1 Glas Rotwein
1 EL Butter
wenig Salz (je nach Salzgehalt im Brät)
Pfeffer

- Die Zwiebel fein hacken und im heissen Öl rösten, bis sie Farbe annimmt.
- Das Brät dazugeben, mit einem Spachtel gut zerkleinern und bei kräftiger Hitze braten.
- Die Tomate würfeln, dazugeben und mitdämpfen, bis Saft austritt.
- Auf kleinem Feuer weitere 20 Minuten köcheln.

Tipp: Zum Beispiel über frisch gekochte Teigwaren anrichten.

Passende Beilagen in jeder Essenslage:

Camarguereis
Kartoffeln, mit Knoblauch gebraten
Nudeln mit frischem Tomatenmark
Grüne Bohnen
Petits pois extra fins (frische zarte Erbsen)
Baguette, Flûte, Ficelle

Sauce piquante

Pikante Sauce

Eine uralte und vielfach erprobte Sauce, um übrig gebliebenes Fleisch nochmals als Hauptgericht aufzutischen.

2 Schalotten
1 Glas Weisswein
1 Glas Wasser
2 Glas Bouillon
etwas Maisstärke
reichlich gehackte Kräuter
Kapern
Essiggurken
Salz, Pfeffer

- Die Schalotten fein hacken. Mit Wein, Wasser, 1 Glas Bouillon, Salz und Pfeffer mischen und einkochen.
- Mit 1 Glas Bouillon verdünnen und nochmals 10 Minuten köcheln lassen.
- Etwas Maisstärke mit Wasser anrühren und dazugeben.
- Mit gehackten Kräutern, Kapern und fein geschnittenen Essiggurken mischen.
- Die in feine Streifen geschnittenen Fleischreste zur Sauce geben und darin heiss werden lassen.

Tipp: Sogar Cervelatwurst kann man auf diese Art veredeln!

LA CHAIR oder FARCE
findet man in allen Metzgerläden. Es ist ein grobes Schweinefleischgemisch aus Fett, Fleisch und Gewürzen. Für jede Köchin eine grosse Hilfe ... und sehr preiswert! Vorsicht mit Salzen, am besten davon kosten.

Les Légumes

Gemüse

Tomaten nach provenzalischer Art

Tomaten

Als die Kinder dem Schoppen- und Breialter entwachsen waren und erste kleine Mahlzeiten anstanden, gab es für sie Nudeln mit frischen «tomates concassées». Die vollmundigen, sonnengereiften südfranzösischen Tomaten wurden geschält, verkocht und über feine Nudeln gegeben. Eine Köstlichkeit, reif und voller Geschmack, und dies nicht nur für Kinder!

Tomates provençales

Tomaten nach provenzalischer Art

12 mittlere reife Tomaten
Olivenöl
Persillade aus 2 Knoblauchzehen und
1 Bund Petersilie (siehe Seite 93)
Butter
Salz, Pfeffer

- Die Tomaten quer halbieren.
- In eine Bratpfanne etwas Olivenöl geben. Die Tomatenhälften mit der Schnittfläche nach oben hineinstellen. Salzen und pfeffern. Mit Persillade bestreuen und mit je einer Butterflocke belegen.
- Die Pfanne auf den Herd stellen und die Tomaten bei grosser Hitze braten. Die Hitze reduzieren, die Tomaten vorsichtig umdrehen und weiterbraten. Nach 10–15 Minuten sind sie gar und werden wieder umgedreht.

Sie passen zu Steaks, Schnitzel, Brathähnchen, Lammkotelettes.

Artichauts à l'oseille

Artischocken mit Sauerampfersauce

4 grosse Artischocken

Sauerampfersauce:
1 grosse Hand voll Sauerampfer
1 grosse milde Zwiebel
Olivenöl
100 ml Fleisch- oder Hühnerbouillon

- Die Artischocken vorbereiten: Den Stiel und die untersten, harten Blätter wegschneiden.
- Die Artischocken in Salzwasser 40 Minuten weich kochen und warm stellen.
- Für die Sauce den Sauerampfer waschen und in Streifen schneiden.
- Die Zwiebel in dünne Scheiben schneiden und im heissen Olivenöl glasig dünsten. Den Sauerampfer darunter mischen und mit der Bouillon aufgiessen. 20 Minuten köcheln lassen.
- Die heissen Artischocken auf die Teller legen.
- Die unteren Blätter so auseinander drücken, dass eine Blütenform entsteht. Die Sauerampfersauce darüber verteilen.
- Die Blätter von Hand abzupfen und dazu Baguette essen.

Diese Vorspeise ist sehr appetitanregend.

Epinards à la béchamel au fromage

Spinat mit Käse-Béchamelsauce

1 kg Blattspinat
Béchamelsauce (siehe Seite 92)
100 g geriebener Emmentaler

- Den Spinat in Salzwasser weich kochen.
- Unter die fertige Béchamelsauce den Emmentaler mischen. Umrühren und über den heissen Spinat giessen.

Tipp: Diese Sauce passt auch zu Blumenkohl!

Pommes de terre frites maison

Bratkartoffeln

1 kg Kartoffeln
1 grosse Zwiebel
4 Knoblauchzehen
Butter und Olivenöl
Salz, Pfeffer

- Die Kartoffeln waschen, schälen und in grosse Stücke schneiden. 10 Minuten in Salzwasser kochen, abschütten.
- Die Zwiebel in Streifen schneiden, die Knoblauchzehen zerquetschen. Beides im heissen Fett etwas Farbe annehmen lassen.
- Die Kartoffeln beigeben und alles zusammen sorgfältig rösten. Mit wenig Salz und Pfeffer würzen.

Tourin

8 grosse, reife Fleischtomaten
2 grosse Zwiebeln
4 Knoblauchzehen
4 Eier
3–4 EL Rotwein
1 EL Tomatenpüree
Salz, Pfeffer aus der Mühle
Olivenöl

- Die Tomaten in grosse Schnitze schneiden, Zwiebeln und Knoblauch fein schneiden, die Eier mit dem Wein, dem Tomatenpüree und den Gewürzen gut verquirlen.
- Olivenöl erhitzen, Zwiebeln und Knoblauch andünsten, die Tomaten dazugeben, würzen und 5 Minuten zugedeckt weich dämpfen, den Deckel abheben und den Gemüsesaft etwas einkochen lassen.
- Die Eimasse darüber giessen, stocken lassen, umrühren und fertig! Zusammen mit einer knusprigen Baguette sofort servieren.

Ratatouille

1 Aubergine
1 grosse oder 4 kleine Zucchini
2 rote Peperoni (Paprikaschoten)
2 Fleischtomaten
1 kleine Chilischote
1 grosse Zwiebel
2 Knoblauchzehen
6 EL Öl
Salz
1 Thymianzweig und 1 Lorbeerblatt

- Die Aubergine längs in 6 mm dicke Scheiben schneiden. Diese mit Salz bestreuen und zugedeckt etwa 30 Minuten stehen lassen, bis der Saft austritt. Ausdrücken. Die Scheiben in Streifen schneiden.
- Die Zucchini längs vierteln, die Kerne wegschneiden und das Fleisch würfeln. Die Peperoni entkernen und in Streifen schneiden. Die Tomaten halbieren, entkernen und klein schneiden. Die Chilischote längs halbieren und die Kerne gründlich entfernen.
  Die Zwiebel in Streifen schneiden, den Knoblauch zerquetschen und die Chilischote fein schneiden.
- Das Öl erhitzen und darin nacheinander Zwiebel, Knoblauch, Peperoni, Chili, Aubergine, Zucchini und zuletzt die Tomaten bei guter Hitze dünsten. Salz, den Thymianzweig und das Lorbeerblatt beigeben und 1 Stunde köcheln lassen.
- Während der letzten Viertelstunde nach Belieben die Flüssigkeit im offenen Topf verdampfen lassen.

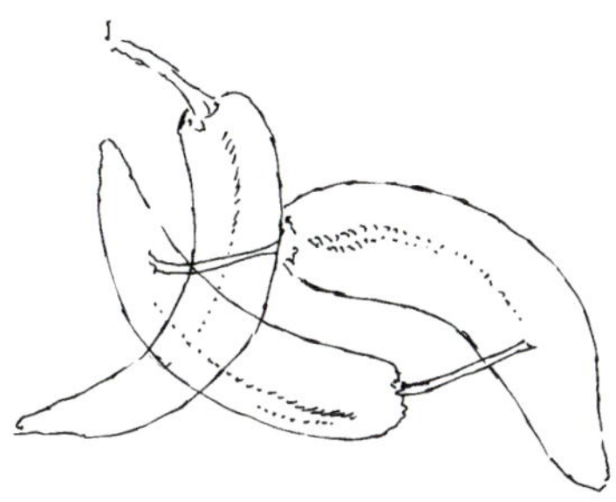

Aubergines frites

Gebackene Auberginen

3 Auberginen
1 Ei
2 EL Milch
Mehl
Butter und Öl
Salz, Pfeffer

- Die Auberginen längs in 1 cm dicke Scheiben schneiden. Auf einem Teller übereinander legen, auf jede Lage etwas Salz streuen. Mit einem zweiten Teller beschweren und 30 Minuten stehen lassen. Den ausgetretenen Saft abschütten. Die Auberginenscheiben von Hand etwas auspressen, ohne sie zu verletzen.
- Das Ei mit der Milch aufschlagen.
- Die Auberginenscheiben beidseitig mit Mehl bestäuben und durch die Eimischung ziehen.
- Im heissen Fett beidseitig goldbraun backen. Sofort servieren.

Tipp: Dazu passt eine feine Tomatensauce.

Courgettes frites

Frittierte Zucchini

Die Zucchini wie die gebackenen Auberginen zubereiten.

- Zucchini rüsten, längs in Scheiben oder quer in Rondellen schneiden. Nicht salzen.
- Das aufgeschlagene Ei darf dafür kräftig gewürzt sein.

Tipp: Nahrhafter werden diese Gemüseschnitzel, wenn man sie nach dem Wenden im Ei noch paniert.

Gratin de courgettes et tomates

Zucchini-Tomaten-Gratin

4 Zucchini
4 Tomaten
Butter
4 EL Paniermehl
Butterflocken
1 Becher (180 g) Rahm
Salz und Pfeffer

- Den Ofen auf 180 Grad vorheizen.
- Die Zucchini halbieren. Die Tomaten in Scheiben schneiden.
- Eine Auflaufform mit Butter ausstreichen. Die Zucchinihälften in die Form geben und mit den Tomatenscheiben belegen.
- Mit Paniermehl bestreuen und Butterflocken darüber verteilen.
- Den Rahm mit Salz und Pfeffer verrühren und darübergiessen. Im vorgeheizten Ofen 40 Minuten überbacken.

Courgettes au beurre

Butterzucchini

4 Zucchini
20 g Butter
1–2 Knoblauchzehen
einige Zucchiniblüten

- Die Zucchini in Scheiben schneiden und in wenig Salzwasser (ca. 8 Minuten) knapp weich kochen. Abtropfen lassen und warm stellen.
- Die Butter hellbraun werden lassen. Die Knoblauchzehen dazupressen, verrühren und die Knoblauchbutter über die Zucchini giessen.
- Die Zucchiniblüten reinigen, fein schneiden und kurz in der noch heissen Pfanne schwenken. Über die Zucchini verteilen.

Gebackene Auberginen
und frittierte Zucchini

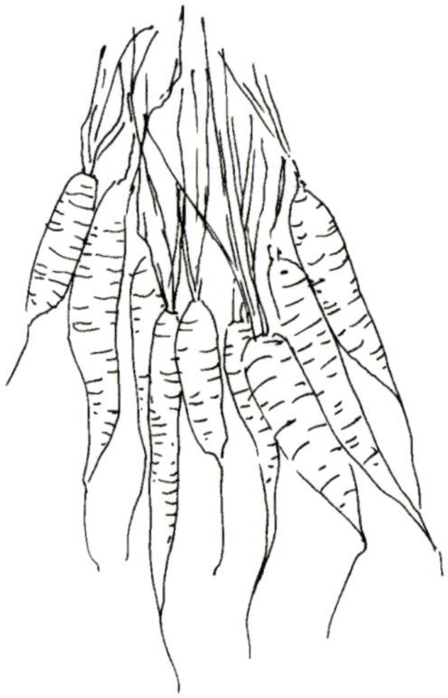

Carottes au Chardonnay

Karotten in Chardonnay

800 g zarte, junge Karotten
50 g Butter
½ l Chardonnay
Meersalz
Thymian

- Die Karotten falls nötig schälen, aber ganz lassen. Zusammen mit der Butter in eine Pfanne geben. Mit dem Wein knapp bedecken und wenig salzen. Zugedeckt bei mittlerer Hitze schmoren lassen. Von Zeit zu Zeit umrühren.
- Wenn die Karotten gar sind, sollten Wein und Butter sirupartig eingekocht sein.
- Die Thymianblättchen erst zum Schluss dazugeben.

Les betteraves d'été
Randen oder Rote Beete sind im Sommer köstlicher als im Winter ....
Etwas Kraut stehen lassen, weichkochen, erkalten lassen. Abschälen und in dicke Rondellen schneiden. Mit einer Persillade bestreuen, salzen und mit Olivenoel und Schalottenessig beträufeln.

Purée de carottes

Karottenpüree

1 kg Karotten
1½ l Bouillon
1 Becher (180 ml) Rahm
Petersilie
Salz, Pfeffer

- Die Karotten schälen, in Stücke schneiden und in der Bouillon weich kochen. Abgiessen (die Bouillon für eine Suppe verwenden).
- Die Karotten in der Pfanne zerstampfen oder mit dem Stabmixer pürieren.
- Den Rahm darunter rühren und luftig schlagen.
- Mit fein gehackter Petersilie und falls nötig mit Salz und Pfeffer würzen.

Purée de haricots blancs

Bohnenpüree

1 grosse Dose weisse Bohnen
2 Knoblauchzehen, zerdrückt
4 EL Olivenöl
Thymianblätter
Salz, Pfeffer

- Die Bohnen abgiessen, in eine Pfanne geben und zu Brei zerstampfen.
- Die übrigen Zutaten dazugeben und das Ganze bei kleiner Hitze luftig rühren.

Heiss zu gegrilltem oder gebratenem Fleisch servieren.

Pilze à discrétion

Als es einmal mitten im August zwei volle Tage und Nächte geregnet hatte – eine Seltenheit in der Region – hiess es auf dem Dorfplatz: «Les cèpes vont pousser – die Pilze wachsen sicher!»

Da liessen wir uns nicht lange bitten. Wir krochen unter junge Pinien, und da standen sie, die «Cèpes de pins», die Pinienröhrlinge. Zum Nachtessen gab es eine grosse Portion Pilze «à la crème», der Rest wurde auf dem Dach an der Sonne getrocknet.

Diese Pilze schmeckten zehn Mal besser als ihre noblen Verwandten, die Steinpilze.

Les Sauces

Saucen

Sauce tomate à la patronne

Tomatensauce

1 kg Tomaten
2 Knoblauchzehen
2 EL Olivenöl
1 Zweig Thymian
½ TL Zucker
Salz

- Die Tomaten grob würfeln, den Knoblauch zerdrücken.
- Das Olivenöl erhitzen, Tomaten und Knoblauch andünsten, den Thymianzweig und die Gewürze zugeben und alles bei geringer Hitze 45 Minuten köcheln lassen.
- Den Thymianzweig entfernen und die Sauce pürieren.

Die Sauce passt zu Teigwaren wie auch zu Fleisch-, Fisch-, Gemüse- und Reisgerichten.

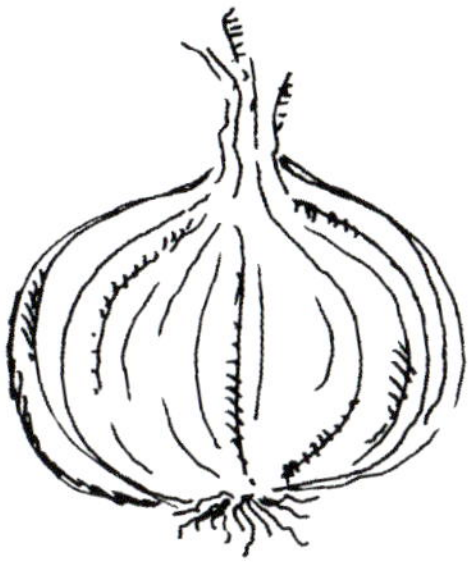

Sauce tomates aux olives noires

Tomatensauce mit schwarzen Oliven

1 grosse Zwiebel
2 grosse Knoblauchzehen
5 EL Olivenöl
4 Fleischtomaten
1 Prise Zucker oder 1 Karotte, geraspelt
Salz und Pfeffer
10 schwarze Oliven
1 Thymianzweig

- Die Zwiebel fein schneiden, den Knoblauch zerdrücken und beides im Öl andünsten.
- Die Tomaten entkernen, in Würfel schneiden und ebenfalls mitdünsten.
- Den Zucker oder die geraspelte Karotte dazugeben und mit Salz und Pfeffer würzen. Die Oliven in die Sauce schneiden und den Thymianzweig dazugeben. Bei geringer Hitze etwa 40 Minuten köcheln lassen.

Sauce tomates au beurre

Tomatenbuttersauce

800 g Tomaten
2 Knoblauchzehen
150 g eiskalte Butter
1 Bund Basilikum
Salz, Pfeffer aus der Mühle

- Die Tomaten häuten, entkernen und fein würfeln.
- Mit dem zerquetschten Knoblauch aufsetzen und langsam erwärmen.
- Sobald der Saft aus den Tomaten austritt, die eiskalte Butter in Würfelchen darunter schwingen.
- Die Sauce würzen, fein geschnittenen Basilikum darunter mischen und sofort servieren.

Sauce aux courgettes

Zucchinisauce

2 Zucchini
100 ml Rahm
50 g geriebener Parmesan
Basilikum, fein geschnitten

- Die Zucchini schälen, die Kerne entfernen, das Fruchtfleisch in Stücke schneiden und in wenig Salzwasser weich kochen. Abtropfen lassen und pürieren.
- Den Rahm mit dem Parmesan und dem Basilikum mischen und unter das Zucchinipüree rühren.

Tipp: Die Sauce schmeckt wunderbar zu Spaghetti. Besonders raffiniert mit kleinen, in Butter gerösteten Brotwürfelchen bestreut.

Sauce soubise

Zwiebelsauce

3 mittlere Zwiebeln
3 EL Reis
3 EL Butter
100 ml Vollrahm
Salz, Pfeffer, Muskatnuss

- Die Zwiebeln fein hacken, mit dem gewaschenen Reis in eine Pfanne geben und mit kaltem Wasser knapp bedecken.
- Aufkochen, würzen und bei kleiner Hitze 40 Minuten köcheln lassen.
- Die Masse pürieren, Butter und Rahm darunter rühren und nochmals aufkochen.

Tipp: Fein zu Fisch und Poulet.

Sauce à l'oseille

Sauerampfersauce

1 grosse Hand voll Sauerampferblätter
Butter und Öl
2 Schalotten
200 ml Bouillon
1 Becher (180 ml) Vollrahm

- Den Sauerampfer waschen, die groben Stiele entfernen, die Blätter trockenschleudern und in Streifen schneiden.
- Das Fett erhitzen und die fein gehackten Schalotten darin glasig dünsten. Den Sauerampfer dazugeben und rühren, bis er zusammenfällt. Die Bouillon dazugiessen und 15 Minuten köcheln lassen.
- Den Rahm darunter mischen. Nicht mehr kochen lassen!

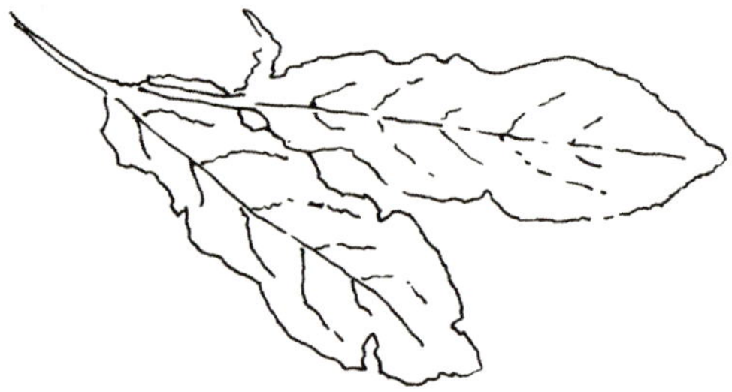

Sauce béchamel

Béchamelsauce

30 g Butter oder Öl
50 g Mehl
½ l Gemüsesud mit Milch gemischt
oder Bouillon
Salz, Pfeffer
Muskatnuss, nach Belieben

- Das Mehl im warmen Fett dünsten.
- Mit Gemüsesud und Milch oder Bouillon ablöschen.
- Mit Salz und Pfeffer und nach Belieben Muskatnuss abschmecken.

Aïoli

Knoblauchmayonnaise

2 Knoblauchzehen
1 Eigelb
2 Scheiben Baguettebrot
Milch
Salz, Pfeffer
300–400 ml Öl

- Die Knoblauchzehen im Mörser zerdrücken. Das Eigelb darunter mischen.
- Das Baguettebrot in etwas Milch einweichen, gut auspressen und zur Knoblauchmischung geben. Salzen, pfeffern und alles gut mischen.
- Das Öl zuerst tropfenweise und dann noch so viel unterrühren, bis die gewünschte Menge und Konsistenz erreicht ist.

Tipp: Ich verwende Distel- oder Maiskeimöl. Nach Belieben kann man die Sauce auch mit einem feinen Olivenöl herstellen.

Persillade

2 Knoblauchzehen
reichlich Petersilie
1 Prise Salz
Pfeffer
5 EL Olivenöl
2 EL Weinessig

- Die Knoblauchzehen hacken. Die Petersilienblättchen darüber legen und alles zusammen möglichst fein schneiden.
- Mit Salz, Pfeffer, Olivenöl und Essig gut verrühren.

Vinaigrette

1 Schalotte
1 Ei, hart gekocht
1 Essiggurke
2 EL gehackte Kräuter
einige Kapern, nach Belieben
4 EL Öl
2 EL Essig
1 Prise Salz, Pfeffer

- Die Schalotte fein schneiden. Das gekochte Ei und die Essiggurke hacken.
- Mit allen übrigen Zutaten gut verrühren.

Escabèche

Saure Schalottensauce

3–4 Schalotten oder eine rote Zwiebel
2 Knoblauchzehen
200 ml Wasser
100 ml Essig (wenn möglich Schalottenessig)
1 TL Maisstärke

- Die Schalotten oder Zwiebel fein hacken, den Knoblauch zerquetschen. Zusammen mit Wasser und Essig aufkochen und alles auf die Hälfte reduzieren (dies dauert etwa 40 Minuten).
- Die Maisstärke mit wenig Wasser anrühren, zur Sauce geben und diese nochmals etwas eindicken lassen.

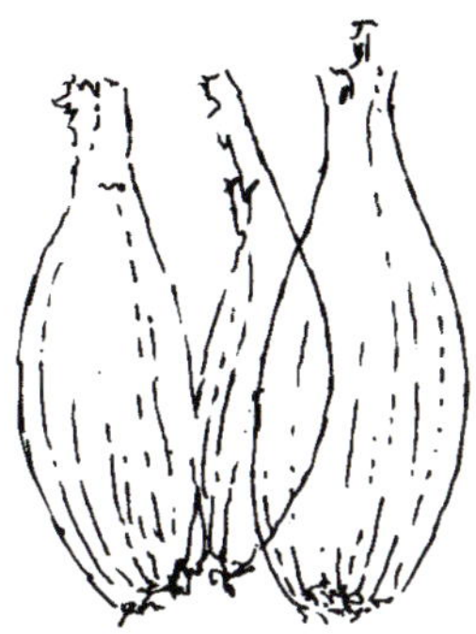

Sauce de cèpes à la crème

Pilzrahmsauce

500 g Pilze (am besten Mischpilze)
2 Schalotten
2 Knoblauchzehen
20 g Butter
Mehl zum Bestäuben
100 ml Bouillon, heiss
200 ml Rahm
1 Bund Petersilie
Salz, weisser Pfeffer

- Die Pilze putzen und in feine Lamellen schneiden. In Salzwasser kurz kochen, abschäumen und abschütten. Gut abtropfen lassen.
- Die Schalotten fein schneiden, den Knoblauch zerdrücken und beides in der Butter dünsten.
- Die Pilze darauf geben und leicht mit Mehl bestäuben. Umrühren und mit der heissen Bouillon ablöschen.
- Den Rahm und die gehackte Petersilie darunter ziehen. Noch einige Minuten leise köcheln lassen.

Tipp: Schmeckt sehr fein auf gerösteten Baguettescheiben!

Sauce moutarde

Senfsauce

30 g Butter
30 g Mehl
400 ml Bouillon
2 Eigelb
1 TL Weinessig
1 TL Wasser
2 EL Dijonsenf

- Aus Butter und Mehl eine Einbrenne zubereiten, die Bouillon dazugiessen (es soll eine dickflüssige Creme sein).
- Das Eigelb mit den übrigen Zutaten gut mischen. Mit dem Schwingbesen tüchtig unter die Sauce schlagen. Nur noch kurz aufkochen lassen. Dann im Wasserbad warm halten.

Tipp: Passt zu gekochten Eiern, Fisch, Siedfleisch.

Sauce au fromage frais ou blanc battu

Quarksauce

150 g Rahmquark
½ Becher Joghurt nature (90 g)
1 Zitrone, Saft
Salz, Pfeffer
1 Bund Kräuter, fein geschnitten

- Alle Zutaten mischen.

Tipp: Passt zu allen gekochten Gemüsen.

Pistou

Basilikumsauce aus dem Languedoc

4 Knoblauchzehen
1 Hand voll Basilikum
Salz
2 EL Tomatenpüree
200 ml Olivenöl

- Die Knoblauchzehen schälen und (am besten im Mörser) zerdrücken.
- Das Basilikum fein schneiden, unter den Knoblauch mischen und zu einer feinen grünen Paste stampfen.
- Nacheinander etwas Salz, das Tomatenpüree und das Olivenöl einrühren.

Tipp: Für eine währschaftere Sauce kann man noch zwei geriebene gekochte Kartoffeln darunter mischen.

Mayonnaise

1 Ei
Senf
Essig oder Zitronensaft
Salz
½ l Maiskeimöl

Wichtig: Alle Zutaten müssen zimmerwarm sein.

- Das Eigelb in eine Schüssel geben (das Eiweiss anderweitig verwenden).
- Wenig Senf, Essig oder Zitronensaft und Salz dazurühren. Das Öl langsam einlaufen lassen und einarbeiten.
- Wenn die Mayonnaise zu dickflüssig ist, einen Spritzer Essig oder Zitronensaft beigeben. Nach Belieben abschmecken.

Ein paar Worte zum Käse

All die Jahre begleiteten uns Roquefort, Cantal, Camembert, Reblochon, Boursault, Geisskäse, Schafkäse und Frischkäse aus Kuhmilch.

Das Angebot ist reichhaltig ...

Hier noch ein Rezept zu einem feinen, südlichen Brotaufstrich:

2 Frischkäse (Kuh, Geiss oder Schaf)
1 Knoblauchzehe
1 EL Tomatenpüree
Salz, Pfeffer aus der Mühle
4 EL Olivenoel
1 TL Thymianblättchen

Käse und Knoblauch zerdrücken und mit allen Zutaten mischen.

Auf frische Ficelle oder Baguette gestrichen, bekommt schon das Frühstück südlichen Charme!

Das Camembertschachtelspiel

Manchmal drohte Langeweile aufzukommen bei den Kindern. Die Erwachsenen hatten ja ihre Zigaretten, ihren Wein, Zeitung und Bücher. So kam es zur Erfindung des «Camembertschachtelspiels», bei dem beliebig viele Leute mitspielen können.

Jemand geht mit einer leeren Camembertschachtel durchs Haus und legt etwas hinein. Zurück bei den andern, versuchen diese durch Fragen den Inhalt zu erraten; als Antwort gilt nur «ja» oder «nein». Ist es etwas zum Essen? Metall? Holz? Abfall? Ein Werkzeug? Aus Plastik? Papier? Ist es wertvoll? Hart? Weich?

Es waren alltägliche Dinge, die in der Schachtel lagen, ein Stück Kreide, eine Glasperle, ein Blütenblatt, Salz, eine Fischgräte. Für unterhaltsame Stunden war so gesorgt. Und auch etwas Grundsätzliches liess sich durch das Spiel vermitteln: L'amour pour les détails de la vie – die Liebe zu den kleinen Dingen des Lebens!

Pfirsiche in Rotwein

Melon surprise

Melonen-Fruchtsalat

1 Zuckermelone
Früchte nach Saison (Pfirsiche, Birnen, Aprikosen)
1 Zitrone
3 EL Zucker

- Die Melone halbieren, die Kerne herauslösen und aus dem Fruchtfleisch kleine Kugeln ausstechen. Die Schalen bereithalten zum Füllen.
- Die Saisonfrüchte in Würfel schneiden und mit den Melonenkugeln in eine Schüssel geben.
- Den Zitronensaft auspressen und mit dem Zucker über die Früchte verteilen. Gut durchmischen und den Fruchtsalat wieder in die Melonenhälften füllen. Etwa 15 Minuten durchziehen lassen.

Pêches au vin

Pfirsiche in Rotwein

- Vollreife Pfirsiche häuten und in Würfel schneiden.
- In ein Glas geben, zuckern und mit Merlot oder Cabernetwein übergiessen. Etwa 1 Stunde ziehen lassen.

Tipp: Für Kinder mit gezuckertem Zitronenwasser zubereiten.

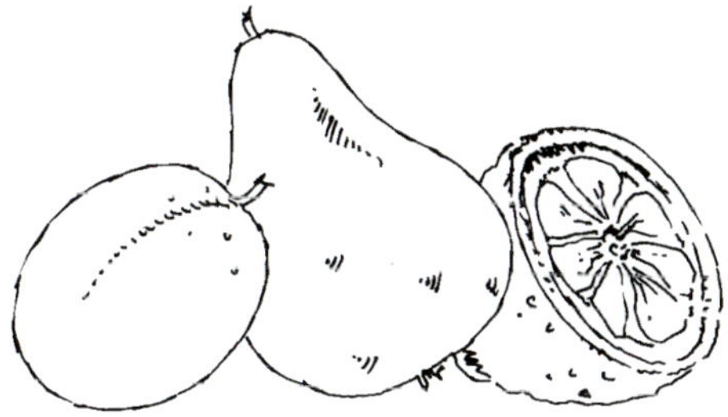

Délice des dieux

Götterspeise saison

1 Packung Vanillepuddingpulver
Früchte nach Saison
1 Packung Löffelbiscuits

- Den Pudding nach Angabe auf der Packung kochen. Etwas abkühlen lassen. Von Zeit zu Zeit umrühren, sodass sich keine Haut bildet.
- Die Früchte mundgerecht schneiden.
- In eine Glasschale eine Lage Löffelbiscuits geben.
- Mit einer Schicht Früchte belegen.
- Vanillepudding darüber giessen.
- Schichtenweise so fortfahren. Mit einer Schicht Pudding abschliessen, mit Fruchtstücken dekorieren.

Crème de fruits

Früchtecreme

Saisonfrüchte:
im Frühling: Erdbeeren, Orangen, Birnen
im Sommer: Aprikosen, Pfirsiche, Melonen
im Herbst: Trauben, Feigen, Brombeeren

- Die Früchte etwas zuckern und mit einer Gabel zerdrücken oder nur klein schneiden, nach Belieben zuckern und den Blanc battu darunter ziehen. Fertig!

Tipp: Blanc battu kauft man am besten in 1-kg-Packungen. Es gibt ihn in Varianten mit 0%–60% Fettanteil. Für mich ist 20% richtig.

Pain perdu

Arme Ritter

300 ml Milch
100 g Zucker
etwas abgeriebene Zitronenschale
1 Prise Salz
Butter und Öl
2–3 Eier
Ficellebrot
Zimtzucker nach Belieben

- Die Milch mit Zucker, Zitronenschale und Salz aufkochen. Etwas abkühlen lassen.
- Die Eier schaumig rühren.
- Das Brot in feine Scheiben schneiden, in die Milch tauchen, abtropfen lassen und durch das Ei ziehen. Im Fett beidseitig goldbraun backen.
- Nach Belieben mit Zimtzucker bestreuen.

Ein Gericht, das Kinder lieben!

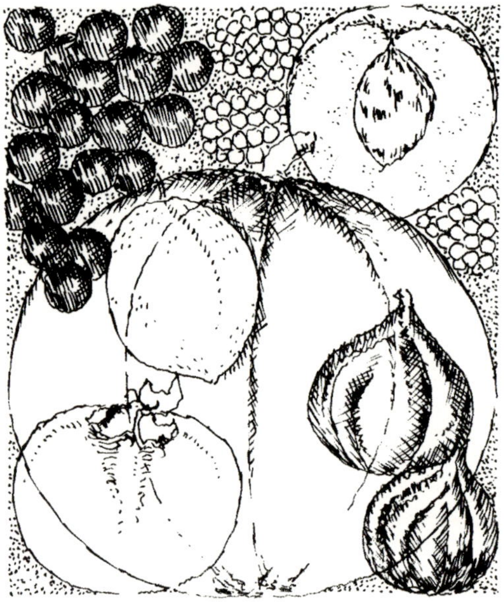

Blanc battu

Ein Loblied auf diesen Frischkäse!

Blanc battu ist bei uns so beliebt, dass immer eine Schüssel voll davon im Kühlschrank steht (und eine grosse Portion für Schwester Verena!). Im Frühjahr zu den ersten Erdbeeren, dann mit Aprikosen, etwas später mit vollreifen Pfirsichen bis zu den wild wachsenden Brombeeren ist diese schmelzig-sahnige Creme immer bereit für einfache feine Desserts. Zum Frühstück versüssen wir ihn mit selbst gemachter Konfitüre oder mit Lavendelhonig.

Abricots ou pêches en compote

Aprikosen- oder Pfirsichkompott

800 g Aprikosen oder Pfirsiche
120 g Zucker
1 Glas Wasser

- Aprikosen halbieren und entsteinen, Pfirsiche in Schnitze teilen.
- Den Zucker mit dem Wasser mischen und bei kleiner Hitze auflösen.
- Die Aprikosen oder Pfirsiche hineingeben und 15 Minuten kochen. Die Früchte herausheben und in eine Schale legen.
- Den Saft eindicken und darüber giessen.

Blanc battu

Körbe – Körbe – Körbe

Ein Korb ist ein praktisches Ding für den Alltag, er ist aber auch eine schöne handwerkliche Arbeit. Ein Korb ist immer dabei, wenn man das Haus verlässt. Man weiss ja nie, was man unterwegs antrifft oder findet. Und für den Gang auf den Markt braucht es meist mehrere Körbe.

Einmal machte der Korbflechter gleich um die Ecke Station. Es war Santiago, ein Zigeuner mit pechschwarzem Haar und einem eindrücklichen Schnauz. Einige Jahre später sass Père Renard vor seinem Wohnwagen am Rand des Dorfs und flocht Körbe. Es war schön, ihm zuzusehen, wie er mit viel Geschick und ernster Aufmerksamkeit sein Handwerk beherrschte.

Les Provisions

Vorräte

Confit à l'échalotte

Schalottenconfit

Für 4 Gläser à 150 g

500 g Schalotten
100 g Butter
100 g Zucker
1 Glas Weissweinessig
5 Glas Weisswein
5 EL Honig
Salz, Pfeffer

- Die Schalotten schälen und fein schneiden.
- Butter und Zucker golden karamellisieren, die Schalotten beigeben und gut umrühren, bis sie etwas Farbe annehmen.
- Den Essig dazugiessen und einkochen lassen.
- Weisswein, Honig und wenig Salz beifügen und alles zugedeckt 30 Minuten leise köcheln lassen. Dann den Deckel abheben und die Schalotten zu einem Confit einkochen. Nach Belieben mit Pfeffer würzen.
- In die vorbereiteten Gläser füllen, diese für 5–10 Minuten auf den Kopf stellen und dann wieder umkehren. Dies erhöht die Haltbarkeit der Konserve.

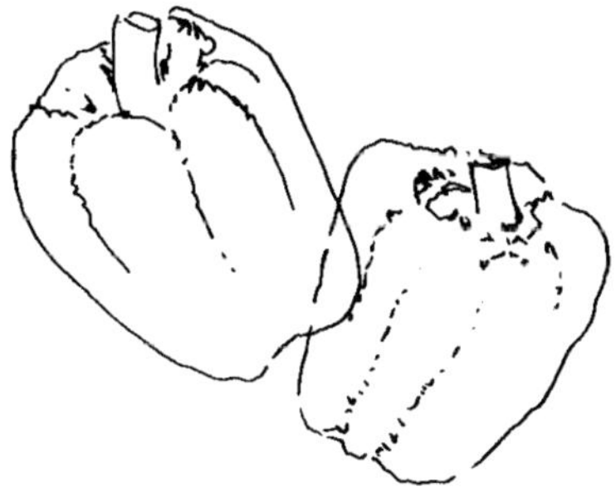

Zwiebelrelish

1 kg Zwiebeln
je 1 grüne, gelbe und rote Peperoni (Paprika)
3 EL Öl
6 EL Weissweinessig
3 TL Salz
1 Prise Zucker
½ TL süsses Paprikapulver
½ TL gemahlener scharfer, roter Pfeffer
Pfeffer aus der Mühle

- Die Zwiebeln schälen und in grobe Würfel schneiden.
- Die Peperoni waschen, halbieren, entkernen und in Streifen schneiden.
- Das Öl erhitzen und das Gemüse darin dünsten.
- Weinessig und Gewürze dazugeben und bei mittlerer Hitze 1 Stunde schmoren lassen. Von Zeit zu Zeit umrühren.
- Abschmecken, in kleine Gläser füllen und sofort verschliessen. 2 Minuten auf den Kopf stellen, umkehren und kühl aufbewahren.

Dieser Relish hält sich, so zubereitet, mehrere Wochen. Passt vorzüglich zu Raclette, Siedfleisch oder einfach zu Schalenkartoffeln.

Chutney

500 g Gemüse und Früchte zu gleichen Teilen (Zucchini, Äpfel, grüne Tomaten, Mirabellen, Gurken usw.)
1 Chilischote
4 grosse Knoblauchzehen
1 Prise Salz
3 EL Rohzucker
½ TL Jeera (indische Gewürzmischung)
1 TL Ingwer
50 ml Essig

- Das Gemüse, die Früchte und die entkernte Chilischote fein schneiden, den Knoblauch zerdrücken. Zusammen mit den übrigen Zutaten in einen grossen Topf geben, alles gut vermengen und aufkochen.
- Auf kleinem Feuer 40–60 Minuten kochen, dann sehr heiss in Gläser füllen und sofort gut verschliessen.

Dieses Chutney ist bis 1 Jahr haltbar.

Tipp: Für eine bessere Haltbarkeit zusätzlich 30 Minuten sterilisieren. Dazu die gefüllten, verschlossenen Gläser bei 200 Grad 30 Minuten in den Backofen stellen. Im Ofen auskühlen lassen.

Tomates sechées

Getrocknete Tomaten

- Reife Fleischtomaten längs halbieren und jede Hälfte in drei Schnitze schneiden. Mit der Schnittfläche nach oben auf einem Haushaltpapier an die Sonne legen. Eventuell über Nacht ins Haus nehmen.
- Oder die Tomatenschnitze auf einem Dörrgitter ausgelegt über Nacht trocknen lassen.

Ketchup

2 kg Tomaten
2 EL Essig
3 EL Rohzucker
wenig weisser Pfeffer aus der Mühle, wenig Salz

- Die Tomaten grob schneiden.
- Mit den übrigen Zutaten 1 Stunde köcheln lassen, durch ein Sieb streichen, nochmals 10 Minuten einkochen lassen und abschmecken.
- Heiss in saubere Gläser füllen, sofort fest verschliessen und 5 Minuten auf den Kopf stellen. Das Ketchup hält sich kühl und dunkel aufbewahrt bis 1 Jahr.

Purée de tomates

Tomatenmus

Aus überreifen, bereits weichen Tomaten lässt sich rasch eine leckere Tomatenkonserve herstellen.

- Die Tomaten in grobe Stücke schneiden. Ein grosses Drahtsieb über eine Schüssel hängen und die Tomaten hindurchstreichen.
- Nach Belieben Basilikumblätter fein schneiden und darunter mischen.
- Das Mus in Gefrierbehälter füllen und sofort einfrieren.

Dies ergibt eine aromatische Zugabe für Suppen und Saucen und einen feinen Pizzaaufstrich.

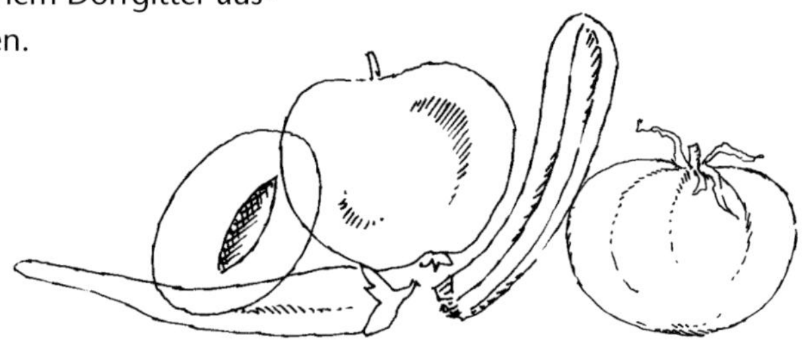

Ma provision de fines herbes

Mein Kräutervorrat

Petersilie, Schnittlauch, Liebstöckel, Basilikum, Majoran, Estragon usw.

Im Sommer, wenn im eigenen Garten und auf den Märkten alles im Überfluss frisch vorhanden ist, möglichst viele verschiedene Kräuter trocknen. Dann durch ein Haarsieb drücken und die kostbare Mischung in Gläsern gut verschlossen aufbewahren.

110

Eingemachte grüne Oliven

Rezept, im Jahre 1976 aufgeschrieben

Auf 1 Liter Lauge kommen 9 Liter Wasser.

1. *Die verdünnte Lauge vorbereiten.*
2. *Die Oliven in ein Gefäss füllen und mit der Lauge vollständig überdecken.*
3. *Ein reines Tuch darüber legen.*
4. *Genau 8 Stunden stehen lassen.*
5. *Abgiessen und wässern. Oliven nie anfassen!*
6. *Während mehrerer Tage das Wasser 3 bis 4 Mal wechseln. (Pro Tag!)*
7. *Sobald das Wasser klar bleibt, die Oliven in leicht gesalzenem Wasser aufbewahren.*

Lagerfähigkeit: 3 bis 4 Monate

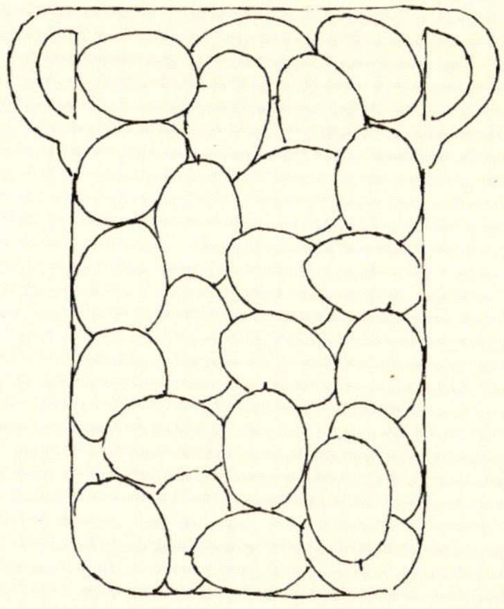

1911

2001

Rückblick
"Une chance de la vie" – dass nach allen langen Jahren meine Liebe zum Haus, zum Dorf und seinen Menschen noch immer innig und lebhaft geblieben ist, gibt mir einen guten Rückhalt und das Gefühl, in einem andern Land als Freundin und Mitmensch anerkannt zu sein. Die ersten Bébés, die ich in meinen Armen wiegte, sind jetzt Eltern, und ich wiege ihre Kinder ... und singe ihnen schweizerdeutsche Lieder. Bald koche ich für sie und ihre Eltern und ihre Grosseltern .... und zusammen mit meinen Kindern und Grosskindern fühle ich mich als begehrte und geliebte Koch-Anne – was will ich mehr?
Je suis très reconnaissante, wie man sagt.

Au revoir et à bientôt!

Oktober. Das Haus wird auf den Winter vorbereitet. Sonnenhüte versorgen, haltbare Lebensmittel in dichte Dosen verpacken, das Wasser abstellen. Zum Abschied werden die Reste der südfranzösischen Köstlichkeiten gegessen, noch etwas vom Hauswein aus der Gegend getrunken. Die Reisetasche steht gepackt im Hauseingang, alle Fenster sind verriegelt, der Kühlschrank ist abgetaut.

Ein letzter Gang durchs Haus. Et voilà, es ist alles so, dass es die nächsten Gäste aufnehmen kann, wann immer sie kommen mögen. Das Haus wird abgeschlossen. Ein letzter Blick noch auf die farbigen Namen der letzten Gäste neben der Haustüre. In ein paar Tagen wird der Regen sie abwaschen – dann ist Platz für neue Namen.